LA

RÉFORME ADMINISTRATIVE

PAR

Le Vicomte G. D'AVENEL

> LE MINISTÈRE DE L'INTÉRIEUR. — LE MINISTÈRE DE LA
> JUSTICE. — LES CULTES ET LES RAPPORTS DE L'ÉGLISE
> ET DE L'ÉTAT. — L'EXTENSION DU FONCTIONNARISME
> DEPUIS UN DEMI-SIÈCLE.

BERGER-LEVRAULT ET Cie, ÉDITEURS

PARIS | NANCY
5, RUE DES BEAUX-ARTS | 18, RUE DES GLACIS

1891

Tous droits réservés

LA

RÉFORME ADMINISTRATIVE

NANCY, IMP. BERGER-LEVRAULT ET Cie

LA
RÉFORME ADMINISTRATIVE

PAR

Le Vicomte G. D'AVENEL

LE MINISTÈRE DE L'INTÉRIEUR. — LE MINISTÈRE DE LA JUSTICE. — LES CULTES ET LES RAPPORTS DE L'ÉGLISE ET DE L'ÉTAT. — L'EXTENSION DU FONCTIONNARISME DEPUIS UN DEMI-SIÈCLE.

BERGER-LEVRAULT ET Cie, ÉDITEURS

PARIS | NANCY
5, RUE DES BEAUX-ARTS | 18, RUE DES GLACIS

1891

Tous droits réservés

LA RÉFORME ADMINISTRATIVE

CHAPITRE PREMIER

LE MINISTÈRE DE L'INTÉRIEUR

I

Depuis un siècle, le dogme de la souveraineté du peuple a fait son chemin dans notre pays ; il est aujourd'hui reconnu par tous les partis et, ce qui n'est pas un des moindres événements de ces dernières années, accepté même par tous les prétendants.

Cent ans après la Révolution, les Français de 1891 paraissent s'être mis d'accord, sinon sur la forme des étages supérieurs, du moins sur les fondements de leur habitation politique.

Cependant, par la manière dont ces trente-sept millions de rois exercent leur empire sur eux-mêmes, il peut arriver que ce peuple souverain ne soit pas toujours un peuple libre, qu'il n'ait échappé à l'absolutisme de ses anciens maîtres que pour tomber sous une nouvelle espèce de tyrannie qu'il a lui-même organisée. La liberté politique consiste en effet dans le respect, par le pouvoir national, des volontés individuelles qui ne portent pas atteinte à l'existence de la communauté: on doit en convenir, l'obligation pour chacun d'obéir à tous en tout et pour tout, — le communisme d'État, — représenterait une singulière sorte d'indépendance ; si un pareil régime était le dernier mot des réformes attendues par les générations passées, à quoi bon tant de changements, plus ou moins rudes, dans l'étiquette de gouvernements dont les institutions demeureraient immobiles, dont la forme seule varierait et non la substance?

Il ne suffit donc pas de proclamer le règne de la volonté populaire, il faut en régler le mécanisme ; en semblable matière, les principes importent moins que l'application qui en est faite ; or, examinons un peu ce que la théorie devient ici dans la pratique. La souveraineté du peuple une fois admise, comme seule base possible de l'autorité dans un temps qui ne croit plus à la vertu de la tradition, voici comme la loi l'interprète : tout d'abord elle détrône la moitié du genre humain, elle présuppose la raison mâle, non femelle, elle enlève aux femmes leur part de souveraineté. En France, j'entends, puisqu'en Autriche, en Italie, en Russie, les filles, veuves et épouses juridiquement séparées jouissent de l'électorat municipal, par elles-mêmes ou par mandataires, puisqu'en Angleterre une proposition de loi conférant l'électorat politique aux femmes non mariées a obtenu la majorité à la chambre des communes et sera votée l'un de ces jours. Après avoir exclu les femmes, on exclut les jeunes gens, on suppose la raison adulte, non trop jeune : un ingénieur de vingt ans sortant de l'École polytechnique, un licencié en droit de dix-neuf ans qui peut légalement être sous-préfet, ne sont pas légalement électeurs.

On suppose ensuite la sagesse stable et domiciliée, non vagabonde ; un Français, de nature voyageuse, qui ne consent pas à se fixer dans les six mois qui précèdent le 31 mars de chaque année, est considéré comme totalement dénué d'aptitude politique ; les citoyens qui sont tombés sous l'application de certaines lois pénales sont également déchus de leur souveraineté ; d'autres qui ont la nue propriété du droit de vote n'en ont pas la jouissance : ceux qui sont le plus exposés à répandre leur sang pour le pays, sur terre ou sur mer, ne peuvent, tant qu'ils portent la livrée nationale, donner leur avis sur les affaires du pays ; on les tient à l'écart au nom de la discipline. Et ce qui prouve combien cette exclusion est discutable, c'est qu'elle a successivement été abrogée ou rétablie en France, et que nos voisins de Grande-Bretagne ont récemment conféré la dignité électorale à leurs troupes, qui ne l'avaient jamais eue.

Enfin, on exige que l'électeur aille à l'urne en personne, et par là on met les impotents, les malades, les absents dans l'impossibilité d'user de leur droit; ils ne peuvent voter par correspondance, comme en plusieurs pays d'Europe. Ainsi, la loi qui régit l'exercice de la souveraineté du nombre la pétrit, la mutile, la transforme, supprime enfin les trois quarts des âmes françaises ; et comme le quart des souverains restants n'est pas toujours en état ou en disposition de régner, les seigneurs-électeurs sont encore diminués d'un cinquième. Tout ceci n'est pas une vaine critique ; parmi les dispositions légales qui précèdent, il y en a d'injustes et il y en a de nécessaires ; les unes et les autres ont toutefois pour effet de restreindre singulièrement l'universalité du suffrage.

De plus, comme il est impossible, avec un souverain tiré à 8 millions d'exemplaires, que ses 8 millions de cerveaux pensent la même chose sur tous les points, on est forcé de décider, par la constitution, qu'en cas de désaccord entre eux, l'avis du plus grand nombre l'emportera sur celui du plus petit ; ainsi, *pour exister, la souveraineté du peuple est forcée de se détruire elle-même,* et de remettre ses destinées à la majorité. La majorité, dès lors, est souveraine ; elle est le roi, la minorité est le sujet ; la majorité commande, la minorité obéit ; il est impossible qu'il en soit autrement. Mais cette majorité peut être faible et cette minorité imposante, et il peut arriver qu'un peu moins de la moitié du peuple soit gouvernée par un peu plus de l'autre moitié.

Comment le pouvoir de la majorité doit-il s'exercer ? Quelles sont les limites ? Voilà la question vitale : la majorité et la minorité sont inégalement réparties sur le territoire ; la majorité n'est pas majorité partout, il y a des contrées et des districts où la minorité d'État est la majorité départementale et communale. Par suite, si la majorité d'État ne se contente pas de régler les matières d'État, en laissant aux majorités locales le soin de régler les matières locales, si elle ne règne pas seulement dans les grandes choses, mais qu'elle s'ingère aussi dans les petites, il arrive que la souveraineté du peuple devient tyrannique, puisque, par le jeu d'institutions faussées, c'est en certains cas la minorité locale qui commande à la majorité locale, sous ce prétexte qu'elle est la majorité d'État. Le problème, non encore résolu par les lois actuelles, est donc de concilier la souveraineté du peuple avec le droit des minorités et avec la liberté individuelle.

Avant de traiter au conseil national (dit chambre des députés) une affaire quelconque et de la trancher par une loi nationale, on doit se demander s'il est ou non possible d'en laisser le règlement aux chambres départementales (dites conseils généraux) *sans compromettre la vie même de la patrie*. Ainsi posée, la question se résout d'elle-même : l'instruction, les travaux publics, l'agriculture, les matières de religion, de bienfaisance, de police régionale, etc., peuvent être envisagés à des points de vue opposés sans détruire l'unité nationale ; tandis que l'armée, la marine, la diplomatie, la justice, sont le domaine de la majorité d'État.

Les citoyens-rois, qui composent cette majorité, doivent user de leur puissance avec la plus extrême modération, et traiter les citoyens-sujets comme un souverain qui ne demanderait à son peuple qu'une obéissance strictement limitée aux choses dans lesquelles il ne peut céder sans descendre de son trône.

Telles sont, par exemple, l'intégrité du territoire ou la forme du gouvernement. Tant qu'il existera un peuple français, nous n'entendons permettre à aucun de ceux qui ont l'honneur d'en être membres de se séparer du corps, et c'est justice : la première République a combattu la Vendée, la troisième a combattu la Commune de Paris. Si demain les derniers venus parmi nous, Savoyards ou Niçois, voulaient quitter la maison commune, nous trouverions tout légitime de les en empêcher par les armes, aussi bien que si la Flandre voulait s'annexer à la Belgique, ou le Roussillon à l'Espagne. Cette abdication de la liberté individuelle, commandée par l'intérêt national, n'est pas la seule que la majorité d'État soit en droit d'exiger des citoyens : elle impose aussi la forme du gouvernement ; mais ici les résistances commencent.

Comme des aspirants à la main d'une jeune fille, qui tous déclarent hautement ne vouloir la tenir que de sa seule volonté, et qui, le jour où elle fait son choix, s'unissent contre le rival heureux qu'ils traitent d'infâme suborneur, les partis politiques, qui font ensemble la cour à la majorité souveraine, entendent bien qu'elle se prononcera en leur faveur ; nul d'entre eux n'accepte au fond de l'âme la décision qui lui est contraire, et, le lendemain du mariage de leur belle, les prétendus éconduits ne songent qu'à préparer le divorce.

Les républicains reprochent aux conservateurs de ne pas s'incliner devant la décision plusieurs fois exprimée du suffrage universel, et il est clair qu'ils ont parfaitement raison ; mais y a-t-il un républicain convaincu sur dix, ou même sur cinquante, qui renoncerait à ses convictions intimes, si le peuple, dans ses comices, rétablissait demain la monarchie ou l'empire? Quels que soient les inconvénients d'une instabilité qui n'aura d'autre remède que le temps, l'existence d'un système quelconque pendant une centaine d'années de suite, — et tout fait supposer que ce système sera désormais la République — chacun admet que, ne pouvant faire subsister concurremment l'empire dans les Charentes, la monarchie dans les Côtes-du-Nord et la République dans les Bouches-du-Rhône, il faut bien laisser à la majorité d'État le droit de construire l'édifice national à sa guise, d'après ses plans, et d'en surveiller les dehors.

S'ensuit-il pour cela que cette majorité soit toute-puissante, qu'elle doive s'occuper des détails et de l'aménagement intérieur par l'intermédiaire des trois ou quatre cents délégués qui la représentent au parlement d'État, et qui délèguent à leur tour le pouvoir exécutif à une dizaine d'autres mandataires, qu'on nomme les ministres de l'État?

L'Etat ! c'est un vieux mot, un mot d'ancien régime ; Richelieu et Louis XIV l'avaient volontiers dans la bouche ; mais la signification de ce mot n'a-t-elle point varié depuis lors? Pas autant qu'on pourrait le croire. L'État, qui n'a plus ses « prisonniers », a encore ses « raisons » que l'on avoue tout bas, et ses droits dont on mène grand tapage et dont on ne parle qu'en se signant. Dans ce pays qui a douté de tout et tout bafoué, le culte de l'État n'a presque pas un athée ; il grandit avec les révolutions, chaque régime lui bâtit de nouveaux temples, lui recrute de nouveaux prêtres, et le peuple-roi adore obstinément les décrets de cette idole par la bouche de qui le pouvoir central fait parler ses chefs de bureaux.

Napoléon Ier a été dans cette voie plus loin que l'ancien régime, et Louis-Philippe et la République même ont, sur certains points, continué Napoléon Ier. Cependant l'État, ce n'est plus un roi inspiré par l'Esprit-Saint, c'est vous et moi, c'est tout le monde ; et si l'État est nous-mêmes, quel droit peut-il avoir sur chacun de nous, sinon ceux que nous lui avons donnés et que, par conséquent, nous pouvons toujours lui reprendre? Ici se place un singulier sophisme : l'État, nous dit-on, c'est la puissance nationale représentée par le pouvoir exécutif; or, le pouvoir exécutif procède de la majorité du parlement, qui elle-même procède de la majorité des électeurs ; donc, la puissance de l'État est légitime : il peut tout faire. C'est la doctrine du droit divin des majorités; l'huile d'onction a glissé, paraît-il, du front des anciens monarques sur celui des législateurs sacrés par le peuple....

Tout peut-il donc être mis aux voix dans la République, sans violer le pacte social? Que devient alors la souveraineté de la minorité, déjà bien mince? Et que devient aussi la souveraineté des individus qui composent la majorité si, comme le pensent les socialistes, l'individu n'a aucun droit que la communauté ne puisse équitablement fouler aux pieds?

II

A l'heure actuelle, l'électeur est roi, mais son pouvoir est purement nominal, c'est un roi fainéant ; il nomme des maires du palais qui, en vertu de l'autorité même qu'ils ont reçue de lui, le tiennent dans une étroite dépendance. Il y eut en Espagne, jusqu'à la fin du XVI° siècle, un personnage appelé la *justice d'Aragon*, qui, d'après une formule très ancienne, disait au roi le jour de son sacre : « Nous qui valons autant que toi et pouvons plus que toi, nous t'élisons roi à telles et telles conditions. » Mais ce langage n'était depuis longtemps qu'une comédie ; celui qui le tenait était choisi et destitué par l'autocrate descendant de Charles-Quint, et redevenait simple sujet en rentrant chez lui. L'électeur français du XIX° siècle ressemble en plus d'un point à ce seigneur espagnol : après avoir marché le dimanche au scrutin avec une altière majesté, ce souverain n'est plus le lundi pour le ministre des finances qu'un contribuable, pour le garde des sceaux qu'un justiciable, et pour le préfet qu'un administré.

Certes, nous savons tous que cet électeur qui ne s'est peut-être donné, comme les privilégiés d'autrefois, que « la peine de naître », ne peut avoir à vingt et un ans une infusion subite de science gouvernementale ; que, si chacun voulait vaquer en personne aux occupations de sa royauté, ce serait l'anarchie et la guerre civile. Nous l'avons vu en 1790, où l'on passa subitement d'un extrême à l'autre : le peuple ne faisait rien, il voulut tout faire, il fit tout mal, et, au bout de peu de temps, ne voulut plus rien faire.

Il y a en cela une mesure à observer, parce qu'au fond de toute exagération gît une forte dose d'absurdité. Or, à mon sens, le peuple d'aujourd'hui délègue trop et délègue mal sa puissance à ses représentants de diverse taille : il donne presque tout à la chambre centrale, fort peu aux chambres départementales, moins encore aux élus de la commune ; quant aux conseillers d'arrondissement, il ne leur donne absolument qu'un titre à mettre sur leurs cartes de visite s'ils en ont.

Le gouvernement central fait tout le contraire, il délègue beaucoup trop peu ; il semble, bien qu'il les ait nommés lui-même, à sa guise, se défier des agents de tout ordre qu'il envoie dans les départements pour y faire respecter les décisions de la majorité : les sous-préfets ne servent à rien, puisqu'ils ne décident rien (ce qui a permis de mettre en doute l'utilité de leur existence) ; les préfets n'ont pas le quart de l'autorité qu'ils devraient avoir : tout est concentré dans les mains de cet administrateur parisien qu'on appelle le ministre.

L'administration française ressemble ainsi à une armée où l'avancement pourrait se donner à l'ancienneté et au mérite, jusqu'au grade de colonel inclusivement, mais où les généraux en chef seraient désignés par le suffrage universel des soldats, sans condition d'âge ni de capacité. Ce ministre, en effet, qui hier était simple député et avant-hier simple électeur, que l'on a mis à l'intérieur ou aux finances, comme on l'aurait mis à la justice ou aux affaires étrangères, il est semblable à nous tous, il ne sait que ce qu'il a appris; et comme il n'a peut-être rien appris encore sur la manière de faire mouvoir la portion de la machine politique à la direction de laquelle il est préposé, il laisse faire les autres; il est à la tête de son ministère, comme ces bonshommes en métal dont les pâtissiers couronnaient jadis les gâteaux de Savoie : ils sont décoratifs, mais non comestibles; ou, pour me servir d'une comparaison plus relevée, ils ressemblent à des rois constitutionnels au sommet de leurs royaumes.

Comment en serait-il autrement?.. Depuis deux siècles environ qu'on travaille sans relâche à empêcher les affaires de recevoir une solution dans les provinces, qu'on leur fait faire bon gré mal gré le voyage de la capitale, on est parvenu à en faire venir à Paris une telle quantité que ni les ministres ni les directeurs mêmes ne pourraient en connaître personnellement la dixième partie ; d'autant plus que les directeurs se succèdent parfois dans les divers services avec presque autant de rapidité que les secrétaires d'État dans les ministères. L'autorité effective passe alors aux mains de commis subalternes. Ce pays, qui se croit libre et que l'on regarde en Europe comme factieux, est gouverné par des chefs de bureaux, tel qu'un libertin vieilli mené à huis-clos par une servante-maîtresse.

Le parlement mérite des reproches analogues ; la jalousie qu'il a de ses droits l'a poussé à se charger de mille soins qui ne le regardaient pas nécessairement : travaux publics départementaux, instruction primaire uniformisée, etc. Absolue et sans contre-poids, la majorité d'État n'a pas toujours su se contenir elle-même ; elle n'a su ni borner son pouvoir législatif aux seules lois qui intéressent vraiment l'État, ni créer à côté d'elle un pouvoir exécutif doué d'une vie propre, analogue à celle du pouvoir judiciaire. Mais une assemblée souveraine qui ne voit pas de bornes à sa puissance finit quelquefois par ne pas en mettre à sa sottise ; sous prétexte que la loi c'est elle-même, elle ne se contente plus de la faire, elle veut encore la violer. Si le régime parlementaire a pu être, il y a quelques années, fort battu en brèche dans les journaux, et, ce qui était plus grave, dans le for intérieur de beaucoup de consciences d'électeurs, cela tenait à l'abus que le parlement en avait fait lui-même. Le meilleur moyen de mettre un terme à cet abus, c'est une réforme radicale du pouvoir social, une organisation mieux entendue de la souveraineté du nombre, qui garantira davantage la liberté des particuliers.

Cette réforme n'a rien qui doive effrayer tout esprit sage, auquel la force de l'habitude ne fait pas prendre une absurdité ancienne pour une institution respectable. Qu'on songe à l'état de la France en 1788, qu'on suppose un publiciste proposant dans un article de journal, ou un orateur développant à l'assemblée des notables le plan de l'administration qui devait être établie deux ans plus tard, et l'on imaginera sans peine par quelles protestations il eût été accueilli : changer l'assiette de l'impôt, supprimer les fermiers généraux, la vénalité des offices civils et militaires, eût paru insensé à bien des gens. Il n'est pas jusqu'aux « jurés-essayeurs d'eau-de-vie », ou « langueyeurs de porcs », qui n'eussent trouvé des défenseurs implacables. Nous avons aujourd'hui encore, sous d'autres noms, beaucoup de « langueyeurs de porcs » parmi nous, seulement ils ne nous choquent pas, parce que nous les coudoyons tous les jours ; c'est à les faire disparaître qu'il convient de nous appliquer.

Le moment ne paraît pas mal choisi, puisque nous voyons, soumises aux chambres, plusieurs propositions de loi émanant, soit du gouvernement, soit de l'initiative parlementaire, qui ont pour objet des remaniements plus ou moins profonds de notre organisme administratif, et puisque le ministère s'est déclaré, par son discours-programme, « prêt à se placer à la tête de la majorité républicaine, pour la guider dans la voie des réformes sérieusement élaborées ». Des projets dont je parle, l'un regarde les sous-préfets, et a pour auteur M. Goblet; l'autre touche les conseils de préfecture, et nous en sommes redevables à M. Fallières; un troisième a pour but de réduire le nombre des ministères, il émane d'un groupe de députés de la droite; on le voit, toutes les opinions sont représentées; et si la Chambre n'a pas encore abordé la discussion publique de ces lois, c'est évidemment parce qu'elle tient à les « élaborer », comme l'a dit M. le Président du conseil, avec le sérieux qu'elles comportent.

En administration départementale et communale, on n'entend parler aujourd'hui que de tuteurs et de tutelle, comme s'il s'agissait de mineurs ou d'interdits; les mineurs et les interdits administratifs, ce sont les majeurs et les souverains politiques; eh bien! la seule dépense souvent exagérée, — la plupart des hommes politiques le reconnaissent — faite de 1876 à 1885 par les communes, a été la construction des maisons d'écoles, de ce que l'opposition a appelé « les palais scolaires » ; et cette dépense a été recommandée, mieux encore, *imposée* par le pouvoir central, chargé d'empêcher les dépenses exagérées. C'est le tuteur qui force ses pupilles à faire des folies ; comment lui pourrait-on sans ironie conserver la tutelle ? Et de quel nom appeler sa tendre préoccupation pour les intérêts dont il parle si haut ? La toute-puissance administrative dans un pays monarchique repose sur cette idée, vraie ou fausse, que le souverain, par lui-même ou par ceux qu'il a désignés, est plus capable que le peuple sur lequel il règne ; mais dans une République, fondée sur le suffrage universel, on ne peut considérer l'électeur comme capable quand il nomme un député, et incapable quand il nomme un conseiller général ou municipal.

Qu'est-ce qu'un interdit qui choisit lui-même son tuteur, lui confirme ou lui retire périodiquement sa confiance ? « Il y a de nos jours, a dit Tocqueville, beaucoup de gens qui s'accommodent très aisément de cette espèce de compromis entre le despotisme administratif et la souveraineté du peuple, et qui pensent avoir garanti assez la liberté des individus quand c'est au pouvoir national qu'ils la livrent. Dans ce système, les citoyens sortent un moment de la dépendance pour indiquer leur maître, et y rentrent. »

En vérité, puisque le peuple peut tout, il doit pouvoir les petites choses aussi bien que les grandes ; il est impossible de sortir de ce dilemme : ou l'électeur est intelligent ou il ne l'est pas ; s'il ne l'est pas, pourquoi lui remettez-vous les destinées de l'État? Pourquoi vous en rapportez-vous à sa sagesse pour trancher, en désignant les législateurs, les matières épineuses, semées d'écueils, de la politique? Si, au contraire, il est doué du bon sens vulgaire qui éclaire tout homme venant en ce monde, pourquoi prétendez-vous savoir mieux que lui, dans l'intérieur des quelques lieues carrées qui composent sa commune, ou des quelques cantons qui composent son département, les bâtiments qu'il doit construire, les dons et legs qu'il doit accepter, les procès qu'il doit intenter, les maîtres d'école qu'il doit payer?

Le rôle du pouvoir central, disent les partisans de l'omnipotence de l'État, est de défendre les droits des minorités. Quand un conseil général ou municipal fait un usage abusif de son mandat et opprime la minorité locale, l'État, représentant de la majorité nationale, vient au secours de cette minorité locale. Fort bien ; mais qui donc viendra au secours de cette minorité nationale si, comme je l'ai dit plus haut, elle est opprimée? Et cette oppression existe toutes les fois que la majorité nationale sort de son rôle, en nationalisant des questions qui ne sont pas de son ressort.

Je reconnais volontiers que l'intolérance des majorités ne date pas d'hier; même on ne peut nier à cet égard un très notable adoucissement dans les mœurs : quelque pénible que soit aux catholiques cet ensemble de mesures diversement opportunes, qu'ils ont appelé, avec quelque emphase, la « persécution religieuse », cette soi-disant « persécution » n'est pas, j'imagine, à comparer avec celle qu'ils ont soufferte, il y a cent ans, pendant la première Révolution, ni avec celle dont les protestants ont été victimes, il y a deux cents ans, quand le gouvernement de l'époque, cédant à l'intolérance de la majorité d'alors, consentit la révocation de l'édit de Nantes. On n'a pris depuis vingt et un ans ni la tête ni les biens de personne.

Qui donc pourrait toutefois ne pas avouer que la République présente se serait épargné bien des ennuis, aurait réduit au silence bien des adversaires et concilié bien des hésitants, si elle avait laissé à l'enseignement public le caractère local qu'il avait eu jusque-là ? Il y a en France 36,000 communes ; en admettant que l'instruction chrétienne ait cessé de plaire à 19,000 de ces communes, pourquoi veulent-elles la faire disparaître des 17,000 autres qui peuvent tenir à la conserver ?

La question budgétaire est, après la question scolaire, le second bâton que le parlement ait mis dans les roues du char de l'État. Le déficit financier n'est dû qu'à l'exagération des dépenses : il n'y a peut-être pas une commune, et il n'y a certainement pas un département dont la caisse ait été gérée avec autant d'imprudence, ou, si l'on aime mieux, de faiblesse, que celle de l'État ; c'est que les petites choses qui se font en grand sont aussi mal faites que les grandes choses qui se feraient en petit. Quatre cents députés voteront les yeux fermés, à Paris, des milliards, en bloc, pour la construction de ports, de canaux, de chemins de fer d'intérêt local, qui, s'ils étaient assis sur les bancs de leurs conseils généraux respectifs, refuseraient individuellement, en détail, de se lancer dans celles de ces entreprises dont la nécessité ne leur paraîtrait ni suffisamment démontrée, ni suffisamment pressante. Il y a beaucoup de dépenses que les citoyens ne feraient pas, ou qui seraient moindres, si l'État ne se chargeait d'agir en leur nom. Autrement dit, quatre-vingt-sept particuliers, qui séparément administrent bien leurs revenus, sont souvent amenés, en faisant bourse commune, à mal employer le fonds social.

Par application de ce système, on pourrait sans inconvénient extraire du budget annuel de l'État, aussi bien en recettes qu'en dépenses, 600 ou 700 millions, qui, divisés entre les budgets particuliers des départements, demeureraient soumis au contrôle des assemblées départementales. En province, le budget des recettes est plus rapproché qu'à Paris du budget des dépenses ; émietter certains chapitres du budget national, ce serait mettre plus aisément en regard le sacrifice qu'on demande au contribuable et le bénéfice qu'on lui procure, ce qui lui est pris et ce qui lui est donné. Ce serait une garantie d'économie et une satisfaction à ce vœu des États généraux de 1789 réclamant « l'action efficace de la nation dans ses affaires ».

Certes, la centralisation n'est pas une création nouvelle ; notre société, qui paraît s'être modifiée de fond en comble, conserve néanmoins la structure que les siècles lui ont donnée. Déjà, sous l'ancien régime, les peuples avaient été contraints par la force, et continuaient ensuite, par une sorte de débonnaireté native qui paraît être assez dans nos coutumes, à tourner les yeux vers l'intendant comme vers la Providence, et à attendre de lui leur salut. Il est incontestable que, si les mœurs ont une action sur les lois, les lois à leur tour ont une action sur les mœurs ; que tout être humain est modifiable jusqu'à un certain degré, au point de vue intellectuel aussi bien qu'au point de vue physique ; et que les modifications de la nature, produites d'une façon ou d'autre, sont héréditaires. L'usage ou la cessation d'usage d'une faculté mentale amène un changement ; une très longue abstention des affaires publiques engendre donc l'indifférence pour ce genre d'affaires.

C'est à cela qu'il faut attribuer l'insouciance extraordinaire du peuple souverain pour nos révolutions de ce siècle, qui, toutes, ont été faites sans le consulter. Le paysan, l'ouvrier français, est si doux, si maniable, qu'il accepte la nouvelle d'un changement de gouvernement comme un fermier accepte la nouvelle d'un changement de propriétaire ; il semble que la France n'est pas à lui, n'est pas lui-même, mais qu'il n'en soit que le locataire irresponsable, s'inquiétant peu des grosses réparations qui ne lui incombent pas. Par exemple, autant il est indulgent au succès, autant il devient féroce si le gérant fait de mauvaises affaires. Cet abandon de lui-même, les monarchies, les empires, les républiques n'ont cessé de le lui faciliter ; tous ont parlé de libertés nécessaires quand ils étaient l'opposition, et d'autorité plus nécessaire encore quand ils étaient le pouvoir.

Tous auraient aujourd'hui mauvaise grâce à reprocher à cet homme, si solidement lié, de ne pas marcher d'un pas alerte ; après l'avoir dépouillé de tous les droits qu'il eût pu raisonnablement exercer, on le déclare inhabile à se gouverner lui-même, et la preuve, dit-on, c'est qu'il est en tutelle.

III

« Le droit de gérer leurs propres affaires, Sire, disait Malesherbes à Louis XVI en 1775, a été enlevé à vos sujets, et l'administration est tombée, à cet égard, dans des excès qu'on peut nommer puérils... On en est venu, de conséquences en conséquences, jusqu'à déclarer nulles les délibérations des habitants d'un village quand elles ne sont pas autorisées par un intendant ; si une communauté a une dépense à faire, il faut suivre le plan qui convient au subdélégué ; si elle a un procès à soutenir, il faut aussi qu'elle se fasse autoriser par l'intendant, et si l'avis de l'intendant est contraire aux habitants, ou si leur adversaire a du crédit auprès de l'intendance, la communauté est déchue de la faculté de défendre ses droits... Voilà, Sire, par quel moyen on a travaillé à étouffer en France tout esprit municipal... »

On le voit, le mal date de loin ; mais est-il près de cesser ? Les abus signalés par Malesherbes *subsistent tous,* à l'exception d'un seul : la loi municipale de 1884, rendue quatre-vingt-quinze ans après la Révolution, a, pour la première fois, depuis Louis XIV, permis aux conseils municipaux de se réunir sans autorisation préalable des délégués du pouvoir central. En revanche, on signale bien d'autres ingérences contemporaines de ce pouvoir dans les diverses manifestations de la vie sociale : au lieu des six ministères de 1790, il y en a dix, il y en a même eu douze pendant quelque temps ; et rien ne prouve que l'on s'en tiendra là, puisque plusieurs membres de l'extrême gauche proposaient, il y a quelques mois, la création d'un « ministère du travail ! » Il est assez singulier, entre parenthèses, que le pouvoir exécutif, qui n'a pas le droit d'ajouter deux officiers à un régiment, ait eu celui d'ajouter deux ministères à un cabinet.

D'ailleurs le premier venu peut, sans grande peine, se charger indifféremment, ou de réduire les dix ministères actuels à six, qui auraient assez peu de travail pour que chacun se demande comment on a pu jamais en réclamer dix; ou de les porter à vingt, et d'augmenter tellement leurs attributions qu'il leur faille trois fois plus d'employés, de chefs et de directeurs, et que le public s'étonne, en lisant l'analyse sommaire des choses dont ils seront chargés, qu'ils puissent suffire à les accomplir toutes. C'est déjà une lecture amusante, dans l'*Almanach national,* que celle des prolixes nomenclatures qui habilement dissimulent le vide de certains emplois ; des attributions identiques figurent à plusieurs services ; à côté des besognes réelles, il en est d'imaginaires, tellement qu'il faut avoir pratiqué dans la maison pour savoir à quoi s'en tenir. Je traiterai plus loin des exagérations modernes du personnel[1]; dès à présent je demande la permission d'en dire un mot.

---

1. Voyez le chapitre IV : *l'Extension du fonctionnarisme depuis un demi-siècle.*

Les six ministères d'il y a cent ans étaient : les affaires étrangères, l'armée, la marine, les finances, la justice et l'intérieur. Cet état de choses avait subsisté, non sans d'importantes modifications et avec un empiétement continu du pouvoir royal, depuis la fin du XVIe siècle. Il est clair qu'un secrétaire d'État de Louis XVI ne ressemblait pas plus à un « secrétaire du roi signant en finances » de Henri III, que M. Carnot ne ressemble à Philippe le Bel. Tous ensemble pourtant concentraient entre leurs mains les fonctions dont l'État, pour le bien commun, avait dû ou voulu se charger.

Au début du règne de Louis XV (1715), l'administration des provinces est encore partagée entre les quatre secrétaires d'État des affaires étrangères, de la guerre, de la *religion protestante* et de la *maison du roi*, selon leurs titres officiels. Mais ces titres avaient déjà cessé d'être exacts. La maison du roi ne donne au secrétaire d'État qui en est chargé, — c'est le futur ministre de l'intérieur, — qu'une occupation illusoire, de même que la cire du grand ou petit sceau, et les faveurs vertes ou rouges avec lesquelles on l'attache au bas des édits, ne sont plus pour le chancelier, président du conseil d'État et du conseil des ministres, que des soucis tout à fait caducs. A la maison du roi sont unis la marine et les colonies, les cultes, le commerce, l'agriculture, plus cinq généralités, dont « la ville et vicomté de Paris ».

Un demi-siècle plus tard (1760), le secrétaire d'État de la religion protestante, dont l'emploi ressemblait fort à une sinécure, puisque tous les protestants avaient été chassés, s'appelle le ministre de la marine, du commerce et des colonies ; en remplacement de ces services enlevés à son département, on a donné à son collègue de la maison du roi l'administration provinciale des quatre cinquièmes du royaume (le ministère de la guerre conservant encore les sept généralités qui, depuis un siècle, dépendaient de lui).

La situation n'avait pas changé, trente ans après, lors de la réunion de l'Assemblée nationale, et la Révolution respecta la division monarchique en débaptisant seulement quelques emplois : le chancelier devint ministre de la justice, le contrôleur général des finances ministre des contributions publiques, le secrétaire d'État de la maison du roi ministre de l'intérieur. Cependant ces conventionnels étaient grands paperassiers ; les ministères du Directoire exhalent un parfum bureaucratique beaucoup plus accentué que ceux de Louis XVI.

La République sentit en naissant, plus encore que la monarchie vieillissante, le besoin de faire passer la vie de la nation à travers ses cartons, de lui tâter le pouls dans des dossiers.

L'Empire enchérit encore ; avec lui, l'administration devint non seulement plus centralisée, mais plus détaillée et plus inquisitive ; elle régla plus d'actions et des actions plus petites, elle s'établit davantage à côté et au-dessus de l'individu pour l'assister et au besoin pour le contraindre.

De 1793 jusqu'à nos jours, le département de l'intérieur est devenu à la fois plus grand et plus petit : plus grand comme personnel, comme budget, plus petit comme attributions; l'outil est allé coûtant de plus en plus cher et servant de moins en moins, ayant d'autant plus d'apparence qu'il avait moins de réalité. Du sein fécond de ce ministère sont successivement sortis quatre portefeuilles : les travaux publics, le commerce, l'agriculture, les cultes et l'instruction publique (sans parler des postes et messageries), qui, sous le Directoire, n'étaient que de simples divisions subordonnées à l'estimable et chimérique François (de Neufchâteau). Napoléon Ier, en dédoublant les finances et la guerre, en extrayant de l'intérieur trois nouveaux ministres : celui des cultes, celui de la police générale, et bientôt après le grand-maître de l'Université, avait presque doublé le nombre des membres du cabinet. Le ministère de l'intérieur, ainsi réduit (1810), comptait pourtant deux divisions de plus qu'auparavant.

La Restauration, à son début, revint au système du Consulat, et se contenta de six portefeuilles, la grande charge de cour de qui dépendait la maison du roi avec les théâtres subventionnés et le garde-meuble ne pouvant être considérée comme un ministère effectif. Mais on jugera quels progrès immenses la centralisation avait faits en un quart de siècle, quand on saura qu'au lieu des cinq divisions de 1795, sous Louis XVIII, il en existait douze, comprenant cinquante-deux bureaux.

Sous Charles X, l'intérieur perdit l'instruction publique et les cultes; sous Louis-Philippe, il se dépouilla du commerce, de l'agriculture et des travaux publics; sous Napoléon III, on lui enleva les beaux-arts ; sous la troisième République, les télégraphes lui furent retirés ; et aujourd'hui, qu'il n'a pas plus du quart de ses anciens services de 1820, son administration coûte encore le même prix ; en d'autres termes, ce qui exigeait il y a soixante-dix ans une dépense annuelle de

1,700,000 fr., monte aujourd'hui à 6,500,000 francs environ, déduction faite naturellement aux deux époques du service des postes et télégraphes.

Quel que soit par conséquent le nombre des bureaux et des directions, qu'on les éparpille ou qu'on les réunisse, comme on ne cesse de le faire tous les cinq ou six ans, — l'organisation actuelle, qui date de 1886, est la troisième depuis 1871, — le mécanisme n'en est pas plus simplifié que la dépense n'en est diminuée : les cinq divisions de 1795, portées, comme je viens de le dire, à douze en 1820, sont maintenant au nombre de trente-six ; quant aux bureaux, déjà passés en 1820 au chiffre colossal de cinquante-deux, ils atteignent aujourd'hui le chiffre purement vertigineux de cent vingt-huit.

Notre système administratif, que nous nous figurons être partout en Europe un sujet d'universelle envie, n'est en somme imité nulle part. S'il était possible d'établir entre la France et les pays qui l'avoisinent une complète assimilation, en tenant compte de l'étendue du territoire et du chiffre de la population, on reconnaîtrait que les services qui composent aujourd'hui notre ministère de l'intérieur fonctionnent ailleurs à bien meilleur marché que chez nous : les prisons qui, dans le royaume de Prusse (27 millions d'habitants), coûtent 9 millions et demi, reviennent en France à 24 millions. L'administration centrale de l'intérieur, à Berlin, occupe, d'après le dernier budget, cent personnes ; elle en compte à Paris trois cent quarante-trois ; celle de Berlin coûte 450,000 fr., celle de Paris en coûte 1,600,000. En continuant le parallèle, on verrait qu'il y a à Berlin un seul directeur touchant 18,000 fr., et qu'à Paris il y en a cinq touchant 20,000 fr. chacun.

Nos employés subalternes se divisent en trois catégories : ceux qui n'ont rien ou presque rien à faire, ceux qui font des choses qu'on pourrait ne plus faire à Paris, mais laisser aux préfets dans les départements, ou abandonner complètement ; enfin, ceux qui traitent les affaires difficiles, dignes de l'État, les seuls à conserver.

Par ministère, on devrait entendre non pas une fourmilière de gens, la plupart mal payés, soupirant après une problématique augmentation de 300 francs, exerçant pour vivre dix autres métiers que le leur, se faisant professeurs de langues, journalistes, peintres-dessinateurs, copistes, auteurs dramatiques, secrétaires de députés, porteurs d'invitations à domicile, et ne fournissant guère à l'État plus de deux heures par jour de ce qu'on peut appeler du travail, mais bien un homme de mérite et d'expérience, connaissant la branche administrative que le pays le charge de surveiller, et qui, entouré d'une vingtaine de secrétaires, directeurs, chefs de section (la désignation a peu d'importance), exercerait la double fonction : 1° de prononcer sur les questions contentieuses qui s'élèveraient entre plusieurs des agents placés sous ses ordres, ou entre ces agents et le public ; 2° de décider par lui-même ou de faire décider par des lois les affaires *tout à fait importantes,* telles qu'il ne s'en présente pas de Bayonne à Nancy et de Dunkerque à Marseille plus de deux ou trois par jour.

Combien de lois, dites d'intérêt local, sont en effet soumises aujourd'hui au parlement, qui devraient être simplement votées par les conseils généraux, avec l'approbation du préfet ! Ceux qui me font l'honneur de me lire n'ignorent pas la façon dont ces projets de loi sont étudiés et discutés par les Chambres ; est-il rien de plus ridicule ! Le député rapporteur copie en le démarquant (car il a généralement la pudeur de changer deux ou trois substantifs et de retourner quatre ou cinq phrases) l'exposé des motifs des bureaux, qui eux-mêmes ont recopié les avis du préfet, et le tout passe au milieu du bruit, au début d'une séance, confondu avec la lecture du procès-verbal.

Que voilà bien ce qu'on nomme pompeusement « la haute sanction législative ! » On a

fait, pour en arriver à ce résultat, imprimer
force documents, voyager des kilogrammes de
dossiers ; la loi future a été vue au Conseil
d'État ; elle sera promulguée par le Président
de la République. Or, il ne s'agit peut-être que
d'une surtaxe de 2 fr.50 c. sur l'alcool, à l'octroi d'une commune rurale du Finistère ; personne, sauf un sous-chef de bureau, ne connaît à Paris un mot de l'affaire dont il s'agit ;
et l'on paraît devoir persister dans ces erremens jusqu'à la consommation des siècles, des
surtaxes d'alcool et des projets de loi « d'intérêt local ».

A cette concentration extrême, aucun remède n'a encore été appliqué. On semble tenir,
quand on est ministre, à voir dans son immeuble tous les fauteuils occupés, comme on aime,
quand on est colonel de hussards, à ce que,
dans les écuries, l'effectif des chevaux soit au
complet. Un prédécesseur de M. Bourgeois,
qui fut, six années durant, grand-maître de
l'Université, M. Duruy, m'a conté que chaque
fois qu'il se présentait une vacance dans un de

ses services, il faisait comparaître le personnel du bureau et lui proposait de se partager le traitement du démissionnaire ou du défunt, à la condition de se partager aussi sa besogne. « Bien entendu, ajoutait-il, si ce surcroît de travail devait excéder vos forces, je donnerai volontiers un successeur à votre collègue. » Inutile de dire que l'offre de l'éminent historien était invariablement acceptée avec enthousiasme par les employés, mais les directeurs ne manquaient pas de protester.

Or il n'y a guère d'Excellences, pas plus sous l'Empire que depuis, qui aient duré six ans, et le ministre qui arrive redoute le mécontentement des directeurs ; tout à la joie de sa nouvelle dignité, il est d'abord un peu déconcerté et timide, surtout s'il a quelque conscience de sa tâche. Il lui faut de six mois à un an pour prendre le dessus ; mais, quand il l'a pris, il est à la veille de partir, et tout est à recommencer ; d'autant plus que, si ce ministre revient ultérieurement au pouvoir, ce n'est presque jamais avec le même portefeuille. Depuis deux ans cependant cet état de choses s'est amélioré ; le « culte de la stabilité ministérielle », dont une démocratie ne saurait être trop fière, a progressé, si même on ne peut dire qu'il ait pris naissance ; mais, quoique atténués, les vices que je signale subsistent encore.

La seule solution raisonnable est *de réduire de moitié* le budget des administrations centrales, d'autoriser les ministres en fonction à se décharger sur leurs subordonnés de province de toutes les attributions qu'ils jugeront devoir leur conférer, et de les rendre aussi libres de disposer des sommes qui leur demeureront allouées, pour le paiement de leur personnel et de leur matériel, que le sont aujourd'hui les préfets et sous-préfets pour leurs frais d'administration.

Ces frais matériels, pour 86 préfectures et 273 sous-préfectures, ne sont que de 1,350,000 francs, et l'administration parisienne absorbe, à elle seule, 310,000 fr.; quelle disproportion étonnante !

On aurait préalablement supprimé les trois ministères des travaux publics, de l'agriculture et du commerce, et on les aurait transformés en trois directions générales, placées sous les ordres d'hommes compétents, et rattachées comme autrefois au ministère de l'intérieur ; ce qui aurait, entre autres avantages, celui de soustraire ces services à l'action immédiate de la politique militante, et de restreindre l'action de l'État dans des matières qui ont été l'objet d'une centralisation souvent funeste et toujours inutile.

Le ministère de l'intérieur, avec ses huit directions, serait encore bien moins chargé que les ministères des finances ou de la guerre ; rien n'empêcherait, du reste, pour répartir plus équitablement entre les membres du cabinet le fardeau administratif, d'envoyer à la justice, aujourd'hui si dénuée, les deux directions de l'administration pénitentiaire et de la sûreté générale, comme on l'a fait il y a déjà longtemps en Belgique, et comme le bon sens paraît le conseiller.

Le lendemain du jour où l'on aurait signifié à chaque directeur : 1° que le budget de ses bureaux est réduit de moitié ; 2° qu'il est libre de faire de la moitié restante l'usage qui lui conviendra, à la condition d'assurer le service, on verrait se produire les phénomènes suivants : les neuf dixièmes des expéditionnaires seraient congédiés, on les remplacerait par les copies de lettres qui fonctionnent si avantageusement dans le commerce, dans la banque, dans l'industrie, et que l'État seul feint jusqu'à présent d'ignorer. Les chefs et sous-chefs de bureau, qui traitent les affaires de quelque importance, seraient presque seuls conservés ; leur travail augmenterait fort peu, parce qu'au moyen d'un triage sagace on supprimerait en huit jours cette inepte broutille de dossiers secondaires qui ne viennent à Paris que pour la forme, se promènent ensuite, — toujours pour la forme, — entre « messieurs les ministres et chers collègues » de ceci et de cela, sont communiqués à des conseils consultatifs pour obtenir des avis que l'on connaît d'avance, sont plusieurs fois renvoyés aux préfets « pour complément d'instruction », et qu'un employé attentif et zélé ne laisse aboutir que quand ils sont suffisamment gonflés, tels qu'une volaille que l'on tue seulement lorsqu'elle est parvenue à sa dernière période d'engraissement.

IV

Et cet élagage auquel on se livrerait à Paris, on le pratiquerait également en province. Un ministre, dans la proposition de loi sur les sous-préfets, déposée il y a plusieurs années à la Chambre, quelques semaines après les votes incohérents de la droite et de l'extrême-gauche, portant suppression puis rétablissement de ces fonctionnaires (février 1887), parle « d'un certain nombre de formalités matérielles d'une faible utilité dont on pourrait décharger ces agents pour faciliter leur tâche…. La plupart de ces formalités résultent, dit-il, non de textes législatifs, mais d'instructions ministérielles, et peuvent, par conséquent, être modifiées ou abrogées par voie de circulaires ». Recueillons ce précieux aveu de l'existence de « formalités d'une faible utilité », — ce qui, à parler franc, signifie parfaitement inutiles, — que des instructions ministérielles ont engendrées.

Et, après l'avoir recueilli, demandons aux locataires de la place Beauvau s'ils ont, depuis le mois de février 1887, supprimé ces formalités « par voie de circulaires ». Ce serait une rare occasion de faire servir une circulaire à quelque chose. Il est produit annuellement, par chaque ministère, une moyenne de cent cinquante circulaires plus ou moins confidentielles ; c'est une maladie chronique. Les trois quarts sont inutiles, se contredisent à de courtes distances, et finissent, pour le plus grand profit de tout le monde, par être négligées ou rapportées.

« Un bureau du gouvernement, disait un Anglais, sir Charles Fox, ressemble à un filtre renversé...; vous y envoyez des comptes clairs, ils en sortent embrouillés. » Cette remarque, qui n'est pas sans fondement, même en France, s'applique surtout au rôle joué par bien des instructions ministérielles, qui souvent ont créé à plaisir des difficultés dans l'application des lois qu'elles prétendaient éclaircir.

Nous n'avons que faire des témoignages de

la sollicitude de l'État pour le bonheur des individus. En 1888, le ministre de l'intérieur prenait la plume pour faire connaître aux préfets « les pays où l'émigration présente peu de chance de succès », et il ordonnait à ses subordonnés de porter à leur tour, par la voie du *Recueil des Actes administratifs*, cet avis précieux à la connaissance des sous-préfets, maires et commissaires de police de leur département. Parmi les pays ainsi désignés figurent le Mexique, le Brésil, les États-Unis de l'Amérique du Nord, etc. Qu'est-ce que M. le ministre entend par « chance de succès » ? Les émigrants doivent-ils renoncer à obtenir aux États-Unis un emploi de cantonnier ou un bureau de tabac? Ce qui présente peu de chances de succès pour un typographe en présente peut-être beaucoup pour un charpentier, et réciproquement.

Comment de braves bureaux, inoffensifs et sédentaires, peuvent-ils bien *signaler* des territoires immenses, dont un seul est dix-huit fois plus grand que la France, comme propres ou impropres à l'émigration ? Tout cela ne dépend-il pas de cas particuliers ! Celui qui est résolu à s'expatrier attend-il, les yeux grands ouverts et la bouche bée, le dernier numéro du *Recueil des Actes administratifs* de son chef-lieu pour savoir la contrée où il doit se rendre et celle qu'il doit éviter ?

Dans un autre ordre d'idées, M. Waldeck-Rousseau rappelait, il y a quelques années, que, si les conseils municipaux désignent librement, en vertu de la loi, les noms des rues et places publiques situées sur le territoire de leur commune, « celles de ces dénominations qui ont le caractère d'hommage public » ne peuvent être autorisées que par décret du chef de l'État. « Vous vous abstiendrez toutefois, Monsieur le Préfet, disait le ministre, de me soumettre des propositions tendant à décerner des hommages de ce genre à des personnages vivants, *ou sur la vie desquels l'histoire ne s'est pas encore prononcée.* » En recevant ce dépôt, imprimé tout vif, des idées de son chef hiérarchique, quelles n'ont pas dû être les perplexités d'un administrateur départemental! A quel moment précis peut-on dire d'un homme que l'histoire s'est prononcée sur sa vie? A quoi reconnaître la réalité de ces formules métaphoriques: « les *arrêts* de l'histoire..., le *jugement* de la postérité...? »

Peut-on dire que l'histoire s'est ou ne s'est pas prononcée sur François Ier ou sur Mirabeau, sur Napoléon ou sur Ledru-Rollin, sur Gambetta ou sur Louis-Philippe? En 1878, quelques mois après la mort de M. Thiers, grand nombre de municipalités voulurent donner son nom à l'un de leurs boulevards; le ministère d'alors, trouvant sans doute que l'histoire s'était suffisamment prononcée, envoyait journellement à l'Élysée des décrets approbatifs de ces délibérations locales; de son côté, le maréchal de Mac-Mahon, qui trouvait peut-être que le verdict historique n'était pas encore définitif, et qui voyait surtout là-dedans l'intention de lui être désagréable, refusait d'y apposer sa signature. Force resta naturellement au cabinet; mais à quoi bon exposer dans une circulaire une doctrine si naïve d'aspect, et au fond si arbitraire ! Au lieu d'exiger l'intervention de l'État sous sa forme la plus haute, pour savoir si la ville de Carcassonne honorera sa principale artère du nom d'un de ses enfants récemment décédé, ne serait-il pas plus sensé de s'en rapporter au vote des habitants de la rue dont il s'agit, les plus intéressés à l'affaire, et en même temps les moins consultés ?

Cet appareil surérogatoire d'administration, c'est l'essence même de la bureaucratie, de cette bureaucratie qui partout est, selon le mot de Montalembert, « l'armée permanente de la mauvaise démocratie », et dont le formalisme tient, auprès du peuple souverain, la place de ce code bizarre de l'étiquette inventé par Louis XIV pour sa personne et pour sa cour.

Le premier résultat de la réforme qui serait faite dans le personnel des bureaux parisiens serait donc une large décentralisation administrative ; le pouvoir exécutif ne se déposséderait pas encore, il changerait de mains : ce serait la suite des décrets de 1852, sous le régime desquels nous vivons, mais que l'extension des chemins de fer, du télégraphe, l'invention du téléphone, font paraître tout à fait insuffisants. Cette révolution dans les communications, qui change la face du monde, modifie profondément les rapports des fonctionnaires entre eux.

Un ministre, qui, de Paris, va pouvoir converser familièrement d'ici peu, par le fil téléphonique, avec les préfets de Pau ou de Lille, qui, dès à présent, les questionne et leur répond en une heure, par dépêche, dispose d'une autorité évidemment plus étendue que ses prédécesseurs d'il y a soixante ans, obligés, quand ils avaient à faire en province une communication urgente, d'expédier un cavalier qui courait la poste nuit et jour, ou que les monarques d'il y a cinq cents ans, envoyant, par des routes défoncées, des « chevaucheurs » qui faisaient 14 lieues en 24 heures, ou des « messagers de pied » qui n'en faisaient que 8. La question de distance affaiblissait l'action du pouvoir central, sa colère se refroidissait en route ; mais, en vérité, un préfet que l'on peut gourmander de son cabinet n'est plus qu'un chef de bureau.

Après avoir donné aux préfets une grande partie des pouvoirs des ministres, il convient de laisser aux sous-préfets une forte part de l'autorité des préfets, et de dépouiller enfin les sous-préfets au profit des maires. C'est à tort que beaucoup de libéraux, à la fin de l'Empire et lors de la réunion de l'Assemblée nationale de 1871, parlent avec un dédain marqué de cette décentralisation administrative, nommée par M. Bethmont « une aggravation de la centralisation », et dont M. Odilon Barrot dit : « L'action centrale n'est diminuée en rien ; c'est toujours le même marteau qui frappe, seulement on en a raccourci le manche. » Il semble qu'en pareille occurrence la longueur du manche importe beaucoup, surtout quand il a jusqu'à 1,100 kilomètres de long; puis le bras qui tient le manche, le corps auquel est attaché ce bras.... tout cela change le coup de marteau.

On peut refaire pour les agents d'arrondissement le mot de Sieyès sur le Tiers-État : « Qu'est-ce que le sous-préfet ? — Rien. — Que doit-il être ? — Presque tout. » — Car le sous-préfet, c'est l'administration qui voit par ses yeux, qui se montre et à qui l'on parle ; ce sont les rapports directs et personnels. Rien n'est plus trompeur que le gouvernement assis et armé d'une plume ; celui qui a écrit une lettre croit trop volontiers que son devoir est accompli et qu'un acte ordonné est un acte fait.

« Par la force même des choses, dit le projet officiel, le préfet est souvent obligé de s'en rapporter à ses bureaux, qui ne peuvent vérifier que l'exactitude matérielle des documents dont ils sont saisis (et encore !), et qui, faute de connaître la véritable situation d'une commune, peuvent se méprendre sur le caractère des questions à résoudre. » Voilà qui est fort raisonnable, et l'on ne peut qu'applaudir le ministre déclarant que « le gouvernement a résolu d'entreprendre dès à présent, et de poursuivre la transformation complète de notre organisation administrative... *dans la mesure où elle lui paraîtra compatible* avec les besoins des services et des nécessités gouvernementales ».

Malheureusement ce « *dans la mesure où* » n'annonce rien qui vaille ; c'est une de ces formules de protocole qui engagent peu ; on croit entendre ce chef de division d'un vaudeville de M. Ludovic Halévy promettant à un jeune néophyte récemment incorporé « de ne laisser passer personne avant lui, personne, insiste-t-il, excepté, bien entendu, ceux qui montreraient plus d'aptitude ou qui auraient des protections ». Toutes les exceptions ne confirment pas les règles, il y en a qui les détruisent. En fait, les bureaux parisiens ne se dessaisissent qu'à la dernière extrémité ; ce n'est pas assez pour l'État de conduire toutes les affaires par ses agents, il entreprend de diriger la conduite de ses agents eux-mêmes, et leur retire parfois, en douceur, par le simple usage de son autorité hiérarchique, des droits que le législateur leur a conférés. A peine la loi en vigueur a-t-elle permis aux préfets de suspendre pour un mois les conseils municipaux, qu'aussitôt le ministre leur défend « de publier leurs arrêtés de suspension avant de lui en avoir communiqué la teneur ».

C'est toujours sous prétexte que les préfets ne fassent quelque bêtise que les commis de la capitale les empêchent d'exercer leurs attributions, comme un père de famille qui confisque les joujoux donnés à son fils par un ami généreux, et qui, les tenant renfermés dans une armoire, promet de les lui laisser manier de loin en loin. Mais le préfet n'est pas un enfant ; s'il casse les ressorts de la législation qu'on lui confie, si les arrêtés qu'il prend ont trop souvent besoin de réparations, il faut rendre le préfet à la vie privée ; mais, tant qu'il est préfet, il faut le laisser administrer dans la limite que le parlement lui assigne.

Et les tyrannies locales !... dira-t-on. Les tyrannies locales, on en parle, on paraît les craindre fort, mais elles s'exercent aujourd'hui absolument comme si la bureaucratie n'existait pas ; seulement elles déplacent leur centre d'action, elles opèrent à Paris, où elles n'ont même pas à endosser la responsabilité de leurs actes. Il y a deux espèces d'affaires : celles à qui les députés ne s'intéressent pas, et pour lesquelles ils se contentent d'écrire, afin de pouvoir transmettre quelque réponse banale au cher électeur qui se morfond dans son arrondissement ; celles auxquelles les députés s'intéressent, et qui les font hanter les couloirs ministériels.

Est-il un député de droite ou de gauche qui n'obéisse pas à un maire influent, un ministre qui résiste à un député, un directeur qui brave un ministre ? Et sur qui, je le demande, s'appuiera bien le chef de bureau pour ne pas exécuter les volontés de son directeur ? Si l'on a souvent besoin d'un plus petit que soi, on a parfois aussi besoin d'un plus grand ; il faudrait beaucoup d'héroïsme au chef de bureau pour ne pas tendre les mains aux chaînes qu'on lui présente.

Ces instructions, ces règles, ces circulaires, cette soi-disant « jurisprudence du Conseil d'État », ne sont que des toiles d'araignées pour les mouches ; les gros insectes s'en jouent. Véritables décors de théâtre, capables d'en imposer de loin aux spectateurs qui n'ont pas leurs entrées dans les coulisses, ils ne sauraient être pris au sérieux par ceux qui les voient planter et déplanter au gré des nécessités contingentes, qui assistent aux répétitions et savent comme on allume le gaz. Une femme de bien, Mme A. Boucicaut, laissait, il y a trois ans, des millions à quantité d'œuvres et de corporations qui toutes relèvent plus ou moins de l'État. D'après la réglementation en vigueur sur les legs, il faudra bien dix ans avant que les donataires entrent en jouissance ; ils attendent donc, sauf un seul : l'Association des journalistes parisiens, à laquelle on a fait toucher tout de suite d'importants acomptes, « en raison des circonstances particulières », dit le rapport, mais, en réalité, parce que les bureaucrates ont eu peur de nos seigneurs les journaux, qui allaient mettre l'ongle dans leurs ulcères, et avaient déjà commencé une campagne en faveur de cette association, qui les touche plus privément.

Contre les excès de pouvoir des agents locaux, contre les illégalités, il restera aux citoyens lésés le recours amiable aux fonctionnaires d'un ordre plus élevé, et si ce recours est sans résultat, la prise à partie devant les tribunaux ordinaires, conformément à l'article 1382 du Code civil.

On sait qu'à l'heure actuelle, pour traduire en justice *à raison de ses fonctions* un agent de l'État autre qu'un ministre, il faut un décret qui est rarement accordé ; ce principe souffre pourtant quelques exceptions : le préfet peut permettre aux particuliers de poursuivre les percepteurs, et les directeurs généraux autorisent les procès intentés aux employés de l'enregistrement ou des forêts. Il serait juste d'aller plus loin dans la protection du droit individuel, et d'accorder aux demandeurs la faculté d'actionner les ministres devant le tribunal de leur propre résidence ; car les forcer à venir à Paris, c'est agir comme sous l'ancien régime.

Pour opérer l'ensemble des réformes que j'indique, il n'est besoin ni de changer des noms auxquels nous sommes habitués depuis cent ans, d'appeler, comme le voulaient certains auteurs de projets, en 1872, les préfets des « gouverneurs » ou des « administrateurs », les sous-préfets, des « commissaires d'arrondissement », ni de créer de nouveaux pouvoirs exécutif ou consultatif, comme les « conseils cantonaux », — créer, toujours créer, lorsque déjà nous sommes encombrés de fondations diverses, de mandataires et de représentants du peuple et de l'État. — Il faut moins encore diminuer ou étendre les circonscriptions administratives (l'école qui parlait il y a vingt ans de rétablir les provinces, oublie sans doute que la monarchie les avait détruites depuis près de deux siècles, en 1789, pour les remplacer par les *généralités*) ; mais en conservant simplement le système actuel, utilisons-le.

Donnons à nos sous-préfets qui ne peuvent rien, et à nos conseils d'arrondissement qui ne font rien, de vastes attributions. Augmentons leur autorité en matière financière, ayons même un budget d'arrondissement. Confions à une commission permanente, prise dans le sein de ce conseil, le droit d'assister le sous-préfet, comme la commission départementale assiste le préfet, et nous ferons œuvre de décentralisation intelligente, et la situation de conseiller d'arrondissement ne sera plus une miette que les gros bonnets de la politique locale laissent tomber de leur table, et abandonnent aux comparses qui jouent, dans le silence et l'obscurité, le prologue et l'épilogue des sessions du conseil général.

Il y a de fort bonnes choses dans la loi présentée en 1888 par le gouvernement, qui supprimait 66 sous-préfectures et augmentait le pouvoir des sous-préfets maintenus. Ce seraient eux qui désormais eussent autorisé les citoyens à fabriquer artificiellement de l'eau minérale, à en établir des dépôts, à louer des bacs sur les rivières, à y tenir des bateaux, à déplacer le corps d'un défunt, etc. ; eux qui nommeraient les débitants de poudres, lieutenants de louveterie, gardes forestiers des communes, médecins des épidémies et autres fonctions « pour lesquelles, dit le ministre, le préfet n'exerce guère son droit que sur la présentation faite par le sous-préfet lui-même » ; c'est-à-dire qu'elles rentrent dans la catégorie des nombreuses pièces qu'on signe sans y jeter même un coup d'œil ; besogne absolument mécanique qui enlève, comme dit un infortuné conseiller de préfecture, le courage et jusqu'à la pensée de se livrer à un travail plus sérieux, pendant les heures où l'on ne signe pas.

Effectivement, dans le métier de conseiller de préfecture, tel qu'il est organisé présentement, on donne pendant une partie de chaque mois jusqu'à 1,500 et 1,800 signatures par jour. A en juger par les détails et les vétilles de toute espèce sous lesquels M. le préfet, accablé, succombe, — pour pouvoir planter une haie d'épines en bordure d'une route départementale, il faut un arrêté préfectoral, après pétition du propriétaire et avis de l'ingénieur en chef, — on demeure convaincu que le projet nouveau ne constitue pas, selon son expression même, « une innovation trop hardie ».

La plupart des communes françaises, dit l'exposé des motifs gouvernemental, « sont des communes rurales d'une faible population (en effet la moitié d'entre elles n'ont pas 500 habitants, tandis qu'en Italie, par exemple, la moyenne de la population d'une commune est de 3,000 âmes), ne possédant que des ressources restreintes, et où les affaires n'offrent dans leur marche ordinaire aucune difficulté. A quoi bon soumettre ces affaires à un double examen et aux lenteurs qui en résultent? Mieux vaut mettre les administrés plus directement en rapport avec l'autorité ».

Mais, dans l'application de ces principes, le ministre s'est montré infiniment trop timide : je craindrais d'abuser de la patience du lecteur qui a bien voulu me suivre jusqu'ici dans des détails d'une certaine aridité, si je prétendais le promener trop longuement dans les dédales de l'expropriation pour cause d'utilité publique, des taxes d'affouage, des aliénations de biens communaux, etc.; d'une manière générale, je crois que l'arrondissement doit être administré avec une entière indépendance par le sous-préfet, sous sa responsabilité, sauf les recours *suspensifs* adressés au préfet et au ministre par les individus qui auraient à se plaindre de ses décisions. Les affaires litigieuses étant aux affaires non litigieuses dans la proportion de 1 à 100, — heureusement, — l'arrondissement pourra le plus souvent vivre de sa vie propre, sans le secours de gens qui ne connaissent rien à ses affaires. Et cette substitution du préfet au ministre et du sous-préfet au préfet ne coûtera pas un centime, attendu qu'il n'est pas plus long pour les bureaux de province de rédiger eux-mêmes un arrêté que de formuler un avis motivé qui permette aux bureaux de Paris de faire rendre un décret.

La décentralisation administrative doit être nécessairement complétée par la décentralisation politique, c'est-à-dire par l'accroissement du pouvoir des conseils de département, d'arrondissement et de commune. Le conseil général représente la souveraineté locale, le préfet représente, par délégation, la souveraineté nationale ; quand ces deux autorités sont d'accord, et c'est le cas le plus fréquent, aucune autre ne doit prévaloir contre elles ; il en est de même du sous-préfet et du conseil d'arrondissement. On peut aussi accorder aux votes de ces diverses assemblées une force exécutoire d'autant plus grande qu'ils auront été émis par les deux tiers, par les quatre cinquièmes, par l'unanimité de leurs membres.

Quelles seront les limites de l'autonomie départementale? Songez-vous, dira-t-on, à créer quatre-vingt-six chambres des députés au lieu d'une seule? Prétendez-vous donner aux conseils généraux le droit d'émettre des vœux politiques? Pour ce qui est des vœux politiques, la procédure qu'on leur applique ressemble à celle des appels comme d'abus en matière ecclésiastique ; il n'est guère de chose si enfantine. Quand le Président de la République décrète solennellement « qu'il y a abus dans telle lettre pastorale » d'un évêque, publiée depuis trois mois, ladite lettre a produit sur les âmes catholiques tout l'effet qu'elle doit produire, et quant aux âmes non catholiques, lors même qu'elle ne contient pas le moindre abus, elle ne produit pas plus d'effet pour cela.

Pour les vœux politiques des conseils généraux, c'est pis encore : la loi donne au pouvoir central le droit d'annuler ce genre de vœux ; mais comme le propre d'un vœu est simplement d'être émis, que sa seule émission lui confère *toute la dose d'existence morale dont il est susceptible,* l'annulation dont il est postérieurement l'objet, bien loin de le détruire, lui procure au contraire une publicité nouvelle.

On ne s'explique pas, du reste, pourquoi il est défendu à une collection quelconque de citoyens de faire ce qu'un citoyen isolé a le droit de faire ; or tout citoyen peut discuter, de la manière la plus large, les faits politiques, soit en s'adressant aux élus par voie de pétition aux chambres, soit en s'adressant aux électeurs par la voie du journal, de l'affiche ou du manifeste ; et le conseil représentatif de 100,000 ou 200,000 électeurs ne le peut pas ! Le dépôt de vœux platoniques étant du reste le genre de service que les représentants du peuple sont toujours le plus disposés à rendre à leurs commettants, la multiplication de ces souhaits et la stérilité dont les neuf dixièmes sont frappés d'avance tendent à leur faire perdre bien du prestige.

Ce n'est pas là que l'activité des assemblées locales trouvera son aliment, c'est dans la gestion financière : les forêts nationales ne seraient-elles pas mieux placées entre les mains des départements, qui les exploiteraient avec plus de souplesse ? Pourquoi des haras nationaux au lieu de haras départementaux ? Pourquoi des primes nationales destinées à encourager la marine marchande en même temps que des douanes protectrices destinées à paralyser son trafic? Pourquoi l'intervention de l'État dans les monuments historiques de province, dans la construction de trente-cinq chemins de fer locaux, dans l'amélioration de quarante-deux ports de commerce? Que signifient ces « fonds communs », ces subventions énormes pour mille besoins divers, ces secours « à des personnes ayant des titres à la bienveillance du gouvernement », distribués par le cabinet du ministre de l'intérieur, et dont un secrétaire particulier disposa, plusieurs années durant, envers des personnes de l'un et l'autre sexe, qui avaient surtout des titres à sa bienveillance particulière?

Pourquoi nous tendre ainsi la main les uns aux autres, et cet argent, après tout, ne sort-il pas de l'universalité de nos poches? Assez de charité politique, de fonds d'État distribués aux bureaux de bienfaisance, aux hospices, aux églises, aux collèges... On ne nous donne, en somme, que ce qu'on nous a pris, mais nous espérons tous qu'on nous donnera en même temps un peu de ce qu'on a pris à notre voisin;

nous en sommes réduits à nous piller mutuellement.

Ainsi on engage, par l'espérance d'obtenir un secours, les départements et les communes dans des dépenses disproportionnées avec leur but ; on étend sans le vouloir l'arbitraire — on laisse croire aux membres de la minorité qu'ils n'auront pas leur part du gâteau que découpe la majorité. — Prendre à Pierre pour donner à Paul, mettre en commun, les uns ce qu'ils ont et les autres ce qu'ils veulent avoir, c'est, par un funeste goût d'uniformité, s'enfoncer dans le socialisme administratif, et chacun voit si l'on y patauge ! Vouloir mettre sur le même pied les communes riches et les communes indigentes, prétendre que les départements pauvres aient le même train de vie que les départements opulents, c'est le début d'un régime qui forcerait tous les Français à avoir le même logement et la même redingote, et qui finirait par leur faire manger à tous le cruel brouet noir de Sparte sur le trottoir qui longe leur maison.

L'État, étant la collection des individus, a naturellement intérêt *à tout ce qui intéresse les individus,* mais il n'a pas le droit de régler tout ce qui l'intéresse ; autrement il pourrait légiférer sur toute espèce d'objets, sur la morale privée aussi bien que sur la morale publique, sur l'hygiène ou sur l'instruction. Il existe une loi contre les ivrognes ; pourquoi n'en ferait-on pas une autre contre les paresseux, contre les licencieux, contre les dissipateurs et contre les avares ? C'est une opinion très fausse, très dangereuse, et pourtant très accréditée, que celle qui prétend faire intervenir le gouvernement toutes les fois qu'une chose « ne va pas bien ». Combien de gens aussi qui repoussent en général l'immixtion de la puissance publique dans les affaires particulières, et qui, *par exception,* désirent qu'elle les aide dans l'affaire spéciale qui les préoccupe, et cherchent à étendre l'action sociale de leur côté, tout en admettant qu'elle doit être bornée sur tous les autres : l'opposition d'aujourd'hui, qui reproche au pouvoir de semblables fautes, ne les a-t-elle pas elle-même commises hier ? N'est-elle pas toute prête à les commettre demain ? Un écrivain réactionnaire demandait récemment, dans un grand journal quotidien, que l'État subventionnât les pêcheurs pour les aider à acheter des bateaux et des filets ! Si, par un phénomène particulier à notre pays, en ce siècle, et contraire à ce qu'il serait raisonnable d'espérer, tous les gouvernements, bien loin de se fortifier, se sont affaiblis par leur durée même, cela ne tient-il pas à ce que chaque jour accroît la masse des mécontentements qu'une responsabilité universelle et excessive ne peut manquer d'accumuler contre eux ?

Le budget moyen d'un département n'étant guère supérieur à 1 million, on peut dire qu'il n'y a pas de vie départementale parce qu'il n'y a pas de finances départementales ; quand la chambre se sera déchargée sur les conseils généraux de la presque totalité du budget actuel des dépenses de quatre ou cinq ministères, en leur abandonnant une portion de recettes correspondante, par exemple les quatre contributions directes, — le budget actuel est incontestablement au-dessus des forces du Parlement, s'il veut l'étudier dans tous ses détails, — on a quelque motif de croire que certaines dépenses inutiles diminueront. Si le budget de l'État ne contenait pas un crédit de 2,800,000 francs pour encouragements aux collèges communaux, on ne verrait pas, dans bien des chefs-lieux d'arrondissement que je pourrais citer, des professeurs de rhétorique ou de seconde, dont la classe se compose d'un ou deux élèves, et qui pourtant touchent 2,500 à 3,000 francs par an.

On verrait cesser aussi cet enchevêtrement entre les budgets de la nation et ceux du département, qui existe en tant de chapitres : les prisons, les lycées, les casernes de gendarmerie, etc. Les prisons sont des bâtiments départementaux, mais c'est l'État qui en a l'usage et les administre ; quand il faut les réparer, c'est le département qui paie, mais c'est l'État qui impose ses plans. Il en est de même entre les villes et le ministère de la guerre pour le logement des troupes. L'État, le département, la commune, ne devraient-ils pas rester chacun dans leur domaine propre, s'y mouvoir à leur gré, sans entrer dans des négociations compliquées où forcément la volonté du pouvoir central domine?

Sans doute, il y aura des conseils généraux qui géreront bien, et d'autres qui géreront mal; il y en aura d'économes, il y en aura d'endettés. Dès à présent, le nombre des centimes additionnels varie de 0 dans la Côte-d'Or à 50 dans la Charente, ce qui ne veut pas dire que les plus imposés soient les plus maladroits; c'est une affaire d'appréciation locale. Ne voit-on pas la même différence entre conseils municipaux limitrophes: ici on fait grand, vite et cher; là on sort ses écus pièce à pièce, on n'a que des vues modestes et bon marché; et dans l'une et l'autre commune, les électeurs sont contents de leurs mandataires. La liberté consiste précisément à laisser chacun prendre son bonheur où il le trouve, et à ne pas prétendre faire du bien, — ou ce qu'on pense être du bien, — aux gens malgré eux.

Un des derniers ministres de l'intérieur consent à reconnaître que « les municipalités ont donné, depuis un demi-siècle, des preuves manifestes de prudence et de sagesse »; cependant nous en sommes encore à demander cet « affranchissement des communes » que l'histoire fait habituellement dater du règne de Louis le Gros. Sous le gouvernement de Juillet, au lendemain de 1830, ce ne fut qu'après une discussion très vive qu'on parvint à faire concéder aux départements la personnalité civile, le droit de posséder et de recevoir; en 1848, il se trouva un parti, et ce fut le plus fort, pour repousser toute émancipation de la commune, avec des arguments aussi étranges que « la crainte de voir rétablir la féodalité ». Depuis lors, quelques lois de l'Empire et de la République présente ont accordé des droits aux assemblées locales, mais avec quelle puérile parcimonie !

Souvent ces lois, qui allégeaient la tutelle

sur un point, la renforçaient sur un autre : un bureau de bienfaisance ou une fabrique ne peuvent aujourd'hui, sans autorisation, accepter un don ni un legs, quelque minime qu'il soit, même quand il ne donne lieu de la part des tiers à aucune réclamation ; une commune ne le peut guère davantage, par suite des exceptions apportées à son droit ; et l'autorisation par le Conseil d'État et par des personnages susceptibles d'être circonvenus donne lieu à des intrigues, à des tripotages fort longs, fort obscurs et fort injustes. Ainsi, depuis peu de temps, le Conseil d'État ne permet plus à un établissement confessionnel de recevoir un legs *pour les pauvres ;* il force les fabriques, objet de pareilles libéralités, à remettre l'argent aux bureaux de bienfaisance. Cette jurisprudence amène souvent la perte des donations, parce que les héritiers n'ont pas de peine à faire valoir devant les tribunaux que le défunt, en désignant la fabrique, montrait l'intention formelle de charger le curé et ses marguilliers de la distribution des secours, et qu'il n'est au pouvoir de personne de réformer sa volonté.

Le simple bon sens consisterait à laisser aux communes, aux fabriques et à tous autres établissements liberté entière sur ce chapitre. Des oppositions surgissent-elles et les réclamants ne s'entendent-ils pas avec les communes, ils plaideront, et les juges ordinaires arbitreront tout aussi bien que les tribunaux *dits administratifs*. Par une curieuse contradiction, la loi qui entoure de tant de restrictions l'*acceptation* des dons et legs donne aux communes le droit souverain de *les refuser*, si bon leur semble, quoique la porte ouverte à la corruption soit aussi large dans le second cas que dans le premier.

Un autre droit, non moins exorbitant, est celui que la loi réserve à l'autorité supérieure d'empêcher une commune de plaider ; l'État peut se rendre impunément coupable d'un déni de justice envers elle. Un déni de justice analogue peut être commis par le gouvernement envers les créanciers d'une commune, en vertu de cet axiome administratif: que « l'on ne doit pas imposer de force une agglomération communale au point de compromettre les intérêts généraux du Trésor ».

C'est ainsi qu'en l'an de grâce 1891, une commune peut laisser protester sa signature et faire honnêtement banqueroute avec l'appui du pouvoir exécutif. Nul ne peut, même en vertu d'un jugement, saisir ses biens, meubles ou immeubles, sans un décret. Sans un décret, les communes ne peuvent instituer une caisse des retraites pour leurs employés, elles ne peuvent créer ni supprimer un bureau de bienfaisance, mais l'administration supérieure peut en créer avec leur argent et les maintenir de force sur leur territoire.

La même administration, qui impose la bienfaisance obligatoire pour les aliénés et les jeunes vagabonds, se mêle aussi de la gestion du bien des pauvres : quoique le moment soit fort mal choisi pour cela, et qu'il n'ait aucun titre à prendre cette initiative, le Conseil d'État oblige maintenant les établissements d'assistance publique à vendre leurs immeubles. Et l'État, qui prétend guider les autres, conduit lui-même bien médiocrement son immorale institution des « enfants assistés ». — « J'ai vu, disait à l'Académie M. Chevalier, une femme qui avait à elle seule sept nourrissons, et qui n'avait ni lait ni vache, mais elle avait son certificat des bureaux. »

Par une inconcevable bizarrerie, les conseils municipaux ont tout pouvoir de proroger ou d'augmenter leurs octrois, et ils ont besoin d'une permission pour les supprimer ou les réduire ; en fait d'impositions extraordinaires, c'est le contraire, ils peuvent toujours les diminuer, rarement les accroître. C'est le maire qui nomme le garde champêtre, mais c'est le préfet seul qui a le droit de le révoquer ; si cet agent est maintenu par le préfet contre le maire, le conseil municipal est réduit, pour s'en débarrasser, à supprimer l'emploi même de garde champêtre, quitte à le rétablir six mois après, puisqu'il est maître de la *fonction* et non du *titulaire*. Les conseils municipaux n'ont pas le droit de fixer le tarif des concessions dans les cimetières : une loi de 1867 le leur avait donné, une loi de 1884 le leur a repris ; cette dernière loi a également repris aux préfets, pour les donner aux ministres, des pouvoirs que la loi de 1837 leur conférait sur les crédits extraordinaires dans les grandes villes ; elle a concentré, en matière d'octrois, des choses que la loi de 1871 sur les conseils généraux avait décentralisées. Quand un vent de liberté souffle, les bureaux plient, se taisent, mais ne désarment pas ; vienne un ministre autoritaire, ils repartent à la conquête de la France.

Pourtant ils ont laissé déposséder les « plus imposés » du droit de contrôle que la loi leur accordait dans l'établissement des taxes nouvelles. Il est des pays en Europe où certains habitants font partie de droit des conseils municipaux, en vertu de leur chiffre d'impôt ou en raison de donations anciennes ; il en est où les mandataires de la commune sont élus à vie, d'autres où ils sont désignés tous les ans, quelques-uns, comme l'Espagne, où ils sont tirés au sort.

Je crois notre système français préférable à tous ceux-là ; seulement le conseil municipal peut se trouver, chez nous, composé de personnes qui ne paient strictement que la cote personnelle, de journaliers et de domestiques. Or, des propriétaires antipathiques à la majorité, ou simplement des veuves et femmes non mariées, peuvent posséder les trois quarts du sol communal, et n'ont pas même, à l'heure qu'il est, le moyen de faire entendre une observation sur le vote d'un impôt dont ils vont payer les trois quarts. Ce sont là, on en conviendra, de véritables iniquités. Il faut donc, d'une part, ouvrir aux plus imposés *des deux sexes*, dans les villes comme dans les campagnes, la porte du conseil municipal les jours où il est délibéré sur un impôt nouveau, et, d'autre part, laisser à la commune une autorité presque illimitée, quand les délégués du suffrage universel seront d'accord avec les représentants des intérêts matériels.

Cette indépendance des communes et des départements, qui garantira la liberté de chacun en mettant des bornes à la souveraineté de tous, serait une partie de la réforme, mais ce n'est pas la réforme tout entière : nous devons fortifier le pouvoir exécutif et organiser sur de meilleures bases le recrutement de ses agens. Tout souverain absolu possède le triple pouvoir législatif, exécutif et judiciaire ; il possède ces trois pouvoirs sans les distinguer, et les exerce sans le savoir, comme M. Jourdain faisait pour la prose.

Il gouverne aussi naturellement qu'il digère, et ne se préoccupe pas plus de classer les diverses manifestations de sa volonté que de séparer les opérations successives de son estomac. La parole qu'il prononce est à la fois une loi, un ordre et un jugement. Aujourd'hui le peuple aussi est un souverain absolu, sujet comme tel à toutes les misères de l'absolutisme qu'il exerce, et qu'en même temps il subit. Pour sauvegarder son autorité et se la rendre moins pesante, il a dû lui donner des règles, lui tracer des limites: en principe, tout citoyen investi d'une portion de la puissance publique est élu par le peuple ; seulement, *les formes de l'élection, la durée du mandat* et *les conditions de l'éligibilité* modifient beaucoup les choix. Ainsi le préfet, le juge, l'officier, sont nommés par le ministre, le ministre est nommé par la chambre, la chambre est nommée par le peuple ; donc le préfet, le juge et l'officier sont nommés par le peuple au troisième degré ; mais qui pourrait soutenir que cette élection donne les mêmes résultats, bons ou mauvais, que donnerait l'élection au deuxième degré par les députés, ou l'élection au premier degré par le suffrage universel?

La nomination des députés au scrutin départemental diffère du vote d'arrondissement; le système du scrutin de liste, appliqué à la France entière, c'est-à-dire chaque électeur nommant la totalité des députés ou des sénateurs, comme le proposait feu M. de Girardin, aurait sans doute des conséquences plus radicales : celle tout au moins de supprimer complètement la représentation de la minorité.

Certaines élections confèrent des fonctions ou des grades, soit inamovibles, soit temporaires : le président de tribunal nommé, à vie, par le ministre de la justice, le capitaine promu par le ministre de la guerre à un grade dont il devient aussitôt propriétaire, sont-ils semblables à des magistrats ou à des militaires qui seraient nommés pour un temps plus ou moins limité, à des préfets ou sous-préfets révocables *ad nutum?* Le député, nommé pour quatre ans, est-il le même que celui qui serait nommé pour douze ans ou pour six mois, qui aurait sans cesse sur ses talons le corps électoral?

Quant aux conditions d'éligibilité, s'il plaisait au peuple de faire commander les régiments par des professeurs de l'Université, de faire exercer la médecine par des ouvriers fumistes, de confier la comptabilité publique aux officiers de marine et la construction des ponts à des avocats, nul doute qu'il n'en ait le droit.

Il ne faut pas l'en défier, il serait capable de le faire, il y a des précédents ; cependant, depuis quelque temps, il ne l'a pas fait.

Quoiqu'il soit admis que tous les citoyens ont accès aux emplois publics, que ce soit là une des bases de notre état social, il faut néanmoins s'astreindre à certaines obligations, justifier de certaines capacités, passer par certaines filières, pour devenir officier, professeur, ingénieur ou magistrat. Pourquoi donc ce qu'on exige des candidats aux emplois subalternes, ne l'exige-t-on pas pour les emplois supérieurs ? Pourquoi le premier venu peut-il être ministre, c'est-à-dire général en chef des professeurs, des diplomates, des financiers, et même général en chef des généraux, sans avoir exercé lui-même aucune de ces professions ? Le métier d'administrateur est donc bien facile que, selon la phrase consacrée des manuels de droit, « pour être nommé préfet ou sous-préfet, il n'existe aucune condition d'âge ni de capacité » ? Il est en même temps bien peu solide, puisque tous ceux qui y sont employés présentement pourraient être remerciés du jour au lendemain.

Ce serait à coup sûr une grande illusion que d'espérer voir jamais fonctionner en France un système analogue à celui de l'Angleterre, où les lords-lieutenants, les shériffs et les juges de paix, pris parmi les propriétaires de la contrée, administrent le pays librement, gratuitement et parfaitement, tout en continuant à demeurer chez eux. De pareilles institutions sont incompatibles avec notre démocratie moderne ; bien loin de s'acclimater ailleurs, elles sont attaquées, dans leur berceau même, par les progrès du fonctionnarisme britannique.

Mais ce qu'on pourrait faire, c'est d'étendre aux emplois de gouvernement, depuis le sous-préfet jusqu'aux ministres, les garanties dont on entoure déjà les emplois spéciaux ou techniques, en rendre l'accès difficile et la possession sûre. Un sous-préfet, un préfet, nommés *pour dix ans,* dans des catégories déterminées et en vertu de certaines présentations, s'occuperaient moins de politique et plus d'affaires, et nous profiterions tous, — majorité autant que minorité, — de cette impartialité qui naît de l'indépendance, laquelle procède elle-même du sentiment de la force et de la durée. De ce que le peuple peut tout ce qu'il veut, il ne s'ensuit pas qu'il doit vouloir tout ce qu'il peut ; au contraire, sa grande préoccupation doit être de se chercher des freins, de se construire des digues et de les respecter.

Le parlement est-il prêt à voter de pareilles propositions ? Le pouvoir législatif consentira-t-il à renforcer ainsi à son détriment le pouvoir exécutif ? Je l'ignore ; mais le parlement, sous sa forme présente, n'est-il pas critiquable ? Ne saura-t-il pas se réformer lui-même ?

Si l'on imaginait, dans notre République, de mettre en vigueur un gouvernement qui reposerait sur cette idée bien simple : qu'on ne fait bien que ce qu'on sait, et qu'on ne sait que ce que l'on a appris, on trouverait singulier que le métier de législateur fût le seul qui n'exigeât aucune compétence spéciale ; peut-être alors remanierait-on la loi sur l'éligibilité, en réclamant, selon la formule de 1848, l'*adjonction des capacités,* non plus au corps des électeurs, mais bien à l'assemblée de leurs élus....

CHAPITRE II

LE MINISTÈRE DE LA JUSTICE

I

C'est une chose très naturelle qu'en une nation qui a changé plusieurs fois, dans un court espace de temps, de chefs, d'opinions et de lois, il existe des partis dont chacun conçoit un idéal de gouvernement très divers, qui luttent pour la possession du pouvoir, et qui l'obtiennent à tour de rôle par les fautes les uns des autres autant que par leurs mérites propres.

Cette extrême division des citoyens a ceci de bon qu'elle offre au pays, en matière politique, les avantages que procure aux consommateurs, en matière commerciale, la libre concurrence des producteurs. Elle excite l'émulation, elle met au concours le progrès, la satisfaction des besoins communs, l'amélioration des conditions morales ou physiques de l'existence sociale. Il n'est presque pas un des divers systèmes que nous avons pratiqués qui n'ait laissé quelque trace heureuse de sa domination. Mais cette division a ceci de mauvais, qu'elle empêche aucun des gouvernements qui se succèdent de représenter absolument le pays ; tous ne sont que l'expression d'une majorité plus ou moins forte. Ils prennent la direction des affaires publiques, non comme l'héritier qui entre dans son héritage, mais comme le vainqueur qui s'établit dans une province conquise. Il sait comme on s'en empare, et aussi comme on en est chassé. Le dépossédé de la veille le savait aussi, puisqu'il avait vaincu son prédécesseur, ce qui ne l'a pas empêché d'être trahi à son tour par la fortune.

C'est qu'à part leurs états-majors, que maintiennent en ligne des convictions ou des intérêts, que les hasards de la naissance, des sentiments de gratitude, l'influence de puissants patronages, le souci de certaines relations ou de certaines clientèles ont immatriculés dans des rangs qu'ils ne veulent ou ne peuvent déserter, la masse mobile des partis est assez susceptible de changements. Silencieux ou bruyants, ces changements sont la cause de nos révolutions successives. Il est clair que, si le peuple ne variait jamais, le régime qui aurait eu sa faveur un jour la conserverait durant une longue suite de siècles. Cette fixité de l'opinion sur certains points n'a rien de chimérique ; nous n'avons pas à en chercher des exemples dans l'histoire, l'Europe actuelle en offre d'assez concluants.

En France, nous ne sommes pas d'accord sur grand'chose, ce qui assurément est regrettable ; et, ce qui ne l'est pas moins, c'est qu'à défaut d'une quasi-unanimité sur les bases de notre état politique, nous n'avons même pas là-dessus de majorité stable : Monarchie, Empire, République, ont été, les uns après les autres, très sincèrement acclamés. Or ces variations, on ne peut, en une démocratie, ni les empêcher, — le droit d'avoir une opinion emporte celui d'en changer, — ni les prévenir, — aucun régime ne doit se flatter de ne pas faire de sottises, de ne pas éprouver de revers. Notre vieille dynastie capétienne, qui eut ses journées de gloire, eut aussi ses heures d'abaissement ; la nation compensait les unes par les autres. A nos gouvernements modernes elle ne fait plus de pareils crédits ; ils paraissent destinés à périr dans une défaite, à succomber sous le poids d'une faute grave.

Ces gouvernements éphémères, issus d'un parti, restent un peu, quoiqu'ils s'en défendent, des gouvernements de parti ; ils apportent, dans la gestion des affaires générales, une humeur inquiète ; leur législation, leur administration, sont agressives et forcément partiales ; tout citoyen est pour eux un ami ou un adversaire, la peur de la trahison les hante, ils ne sauraient vivre sans une sorte d'état de siège civil.

Dans un temps, dans un pays où tout est

discuté, où tout est en question, ils ont un programme arrêté sur toutes choses, croient avoir mission de l'exécuter vaille que vaille, s'y appliquent de leur mieux et font servir à leurs desseins les forces combinées des puissances législatives, exécutives et judiciaires. Viennent-ils à tomber? D'autres les remplacent qui agissent de même, mais dans un sens différent, contraire quelquefois; et le moindre inconvénient de ces revirements, ce sont des coupes sombres dans le personnel de l'État d'hier, que l'État d'aujourd'hui met au rebut.

A tout cela il semble qu'il faille se résigner, on n'y voit point de remède. Mais si l'on ne peut ni supprimer les partis, ni suspendre le cours des incidents et accidents qui leur donnent successivement l'autorité, ni changer les conditions dans lesquelles ils exercent cette autorité précaire, il est possible du moins de restreindre la sphère d'action de ce qu'on appelle l'État, c'est-à-dire du « parti régnant », dans des limites plus étroites. Nous avons vu, à l'occasion du ministère de l'intérieur, qu'une démocratie absolue comme la nôtre fait peser sur elle-même un joug insupportable quand elle prétend nationaliser des questions dont la solution peut être morcelée par quatre-vingts, par trois cents, par trente mille assemblées locales ; que, par conséquent, la réforme administrative consistera d'abord à décentraliser tout ce qui peut l'être sans inconvénient (et chacun sait si la matière manque).

Elle devra soustraire ensuite à l'intervention de l'État tout ce dont il a intérêt à se désintéresser, tout ce qu'il ne peut protéger ni proscrire sans blesser une portion de ses membres : au premier rang, dans cette catégorie, figurent les cultes. Quant aux services qui incombent nécessairement à l'État, la justice par exemple, la réforme aura pour but d'en organiser le fonctionnement de telle sorte qu'ils vivent par eux-mêmes, d'une vie propre, étrangers aux agitations des partis, à l'abri des fluctuations de la politique.

Rien n'est moins exact que la prétendue

séparation des pouvoirs en législatif, exécutif et judiciaire, dont on fait remonter l'origine à la Révolution, et dont on enseigne la théorie aux jeunes étudiants dans les écoles de droit. Qu'il soit malaisé de maintenir séparés trois rouages qui donnent ensemble l'impulsion à la même machine, cela se devine ; mais a-t-on fait depuis cent ans, dans cette voie, des efforts sérieux ?

L'examen de notre mécanisme actuel de gouvernement ne nous montre-t-il pas le pouvoir judiciaire depuis longtemps asservi par l'exécutif et le législatif, lesquels empiètent sans cesse l'un sur l'autre et possèdent alternativement la prééminence ? Depuis vingt ans, nous assistons aux débordements du législatif ; le peuple même a plus d'une fois désavoué ses représentants les plus directs, mais nul ne songe à rendre au pouvoir judiciaire un peu de cette indépendance qui lui serait plus nécessaire encore en une république qu'en une monarchie.

Ne nous plaignons pas trop de la confusion

de l'exécutif, du législatif et du judiciaire en la personne des magistrats inamovibles et propriétaires de la monarchie absolue ; ce fut longtemps le dernier asile de la liberté : des magistrats ne gouvernent pas comme des fonctionnaires. Il y avait, alors comme aujourd'hui, deux espèces de lois en France : celles qu'on appliquait et celles qu'on n'appliquait pas.

Les parlements, en matière contentieuse, faisaient un peu ce qu'ils voulaient des unes et des autres ; mais les plaideurs ne semblent pas réclamer contre leur justice civile, ni l'opinion contre leurs sentences criminelles. « Bien que les rois, disait Séguier il y a deux siècles, fassent profession d'obéir à la loi qu'ils ont établie, ils considèrent néanmoins l'esprit et l'intention de la loi, plutôt que son texte, pour l'interpréter. »

Quand un chancelier de France parle ainsi, les tribunaux de tout rang se sentent les coudées franches. Dans un procès jugé à Toulouse, tous les conseillers d'une chambre se trouvaient d'un avis unanime, et leur avis était diamétralement opposé à l'ordonnance.

Les cours souveraines, par leurs arrêts de règlement, par leur refus d'enregistrement des ordonnances et édits royaux, ou par les amendements qu'elles y apportaient en les enregistrant, usurpaient sur la puissance législative ; mais le roi, par les appels des tribunaux ordinaires portés à son « conseil privé » *en matière civile,* — le conseil privé n'avait aucune juridiction criminelle, les parlements prononçaient à cet égard en dernier ressort ; — par les *évocations,* à ce même conseil, de procès pendants devant n'importe quel siège du royaume, par le privilège donné à certains agents, à certains corps, de saisir directement le Conseil d'État de leurs différends avec qui que ce fût, usurpait singulièrement à son tour sur la puissance judiciaire. Et cet abus, vieux de près de deux cents ans, qui était en 1789 l'objet des plaintes les plus vives de la nation, nous sommes loin, en 1891, d'y avoir entièrement porté remède.

RÉF. ADMIN.

A l'heure présente, sans qu'elles aient besoin de généraliser les questions, nos cours continuent à jouir, par la jurisprudence, de véritables attributs législatifs ; la jurisprudence est au droit ce que le « précédent » est à l'administration : le dernier vestige de cette autorité pour laquelle notre nation n'a plus que du mépris et qu'on appelle la tradition. La haine de la tradition est en effet l'un des sentiments les plus vifs d'une démocratie jeune; pourtant, entre l'ancien régime et le nouveau, le pouvoir judiciaire est celui qui a subi le moins de transformation. Son costume, son langage, — « jargon du palais », disait-on jadis, — se sont modifiés sans disparaître ; le garde des sceaux, dans ses circulaires, continue d'appeler les magistrats des « officiers de justice », comme sous Louis XIV. Et les magistrats persistent à refuser aux particuliers, dans leurs arrêts, la qualification de « monsieur » ou « madame », comme ils faisaient déjà il y a trois siècles. L'époque des vacances, la messe du Saint-Esprit, mille pratiques bizarres, telles que le discours de rentrée, prononcé par l'un de ceux qui représentent les « gens du roi », sur « un sujet convenable à la circonstance », tout cela marque une prédilection sérieuse pour la tradition. Or, depuis une trentaine d'années, où tant de lois, conçues un peu à la légère et trop hâtivement votées, ont été mises en vigueur, la jurisprudence tend de plus en plus à jouer un rôle prépondérant; l'interprétation du juge éclaircit, corrige, complète, ou laisse tomber en désuétude les volontés du législateur.

C'est en vain que les juristes classiques de notre époque tonnent à qui mieux mieux contre « l'équité », qu'ils la définissent « l'anarchie sous les apparences de l'ordre, l'auxiliaire de ceux qui mettent leur raison au-dessus de la règle... »; ils sont néanmoins obligés de reconnaître que, si la loi est muette, ou s'il est difficile de connaître sa véritable pensée, les juges peuvent alors s'inspirer de l'équité naturelle.

Au criminel, le pouvoir judiciaire exercé

par le jury va plus loin encore : sous l'influence de l'opinion et des mœurs, il refait lentement le Code pénal, annule quelques-unes de ses dispositions en refusant de les exécuter, modifie quelques autres en rédigeant ses réponses au président des assises de manière à faire tomber tels ou tels crimes sous le coup d'autres articles que ceux qui leur étaient originairement applicables, institue enfin de nouvelles peines ; — il est clair que l'acquittement réitéré des filles séduites, coupables de meurtres ou de tentatives de meurtres sur la personne de leur amant, constitue l'introduction d'une pénalité grave contre des séductions qui, aux yeux de la loi moderne, ne sont pas des crimes, et ne sont parfois pas même des délits.

Mais si le juge, juge de robe longue ou de redingote, s'ingère ainsi dans la confection de la loi, le pouvoir exécutif attente bien autrement à l'indépendance du pouvoir judiciaire ; et comme l'exécutif, d'après la constitution en vigueur, n'a par lui-même aucune personnalité, qu'il est seulement une délégation temporaire et toujours révocable de la Chambre des députés, il s'ensuit que le législatif est actuellement le maître des deux autres, maître jaloux et capricieux s'il en fut, et que la séparation des pouvoirs n'existe plus.

II

Pour la rétablir, ou, si l'on veut être plus exact, pour la fonder, il faut que les juges deviennent libres d'interpréter toutes les lois, sans exception, et qu'aucune influence étrangère ne puisse peser ni sur leurs personnes ni sur leurs jugements. Cinq espèces de gens rendent aujourd'hui la justice en France : 1° des juges inamovibles, quoique nommés par les ministres (tribunaux de première instance, cours d'appel et de cassation) ; 2° des juges amovibles, choisis et révoqués selon le bon plaisir de l'exécutif (juges de paix, conseillers d'État, conseillers de préfecture) ; 3° des juges élus par le suffrage universel de leurs justiciables (tribunaux de commerce) ; 4° des juges désignés par le hasard (les membres des jurys d'assises) ; 5° enfin un magistrat nommé par le Congrès tous les sept ans (le Président de la République).

Le droit de grâce, prérogative vraiment régalienne, que notre organisme républicain, si fort imprégné de monarchisme, a conservé au chef du pouvoir exécutif, est en effet un véritable pouvoir judiciaire. Naturel en un temps où l'on disait, où l'on pensait que toute justice émanait du roi et était rendue en son nom, cet attribut a perdu sa raison d'être, puisqu'il a pour résultat de confondre les pouvoirs sous un régime où l'on prétend les distinguer.

Il est clair que le chef de l'État, remplaçant la peine de mort à laquelle un assassin vient d'être condamné par celle des travaux forcés, commuant la peine des travaux forcés en celle de la réclusion, changeant la prison en amende, et remettant l'amende elle-même, fait acte de juge, et, qui plus est, de juge unique. C'est après un examen particulier de chaque affaire, après une étude des dossiers, que ce personnage, agissant dans la liberté de sa conscience, sans débats, aidé du secours de ses seules lumières, suspend la vindicte publique ou lui donne cours à son gré. De 1881 à 1885, il y a eu vingt-neuf condamnations à mort par an, sur lesquelles cinq seulement étaient exécutées.

Que cet arbitraire ne puisse s'exercer que pour la clémence, d'accord ; mais ce n'en est pas moins l'arbitraire, et le plus exorbitant qui puisse exister, puisqu'il s'agit de la vie et de la mort des citoyens, que cet homme qui en dispose n'est tenu de rendre compte à personne des motifs qui ont déterminé ses verdicts, qu'il est d'usage de le solliciter, ce qu'on n'ose faire ouvertement auprès d'autres juges. Il peut, lui, agent passager et politique qui n'a pas le pouvoir de retrancher ou d'ajouter un mot à un article du code criminel, qui ne peut personnellement condamner aucun Français à une amende de cent sous, abroger à lui seul implicitement ou remanier tous les articles de ce code, en paralysant ceux de leurs effets qui lui déplaisent. Il est en droit de réduire à néant, ou à peu de chose, tel jugement correctionnel, tel arrêt d'assises que bon lui semble, en dispensant le condamné de les exécuter.

Il est clair qu'en pratique de pareils abus ne pourraient se produire sans que l'opinion révoltée reprît à l'exécutif un pouvoir judiciaire dont il aurait mésusé ; mais, tel qu'il s'exerce ordinairement, le droit de grâce n'en est pas moins une ingérence du gouvernement dans la justice.

D'autant plus que les motifs qui inspirent les grâces ne sont pas le plus souvent des motifs juridiques : on sera plus indulgent pour un modeste assassinat de province, qui n'aura pas eu les honneurs du reportage des grands journaux, que pour un meurtre à sensation qui aura passionné le « tout-Paris » pendant quinze jours. Pour ces remises ou commutations de peines, grâces collectives accordées annuellement dans les bagnes, prisons et établissements pénitentiaires, réhabilitation en matière criminelle, correctionnelle et disciplinaire, silencieusement élaborées dans un bureau du ministère de la justice, qui peut dire la part que les protections, les influences ont dans ces décisions administratives ?

Je suis loin de m'élever en principe contre le pardon d'une faute déjà longuement expiée, ou l'adoucissement d'un châtiment à moitié subi ; mais, précisément parce que beaucoup de ces mesures de clémence doivent, pour conserver tout leur prix, demeurer secrètes, je les voudrais soumises à des magistrats, jugeant à huis clos, et non à des bureaucrates, afin que le prétoire seul fût maître de modifier les décisions du prétoire.

Une autre atteinte à la séparation des pouvoirs, c'est la dépendance dans laquelle les magistrats se trouvent vis-à-vis de l'exécutif, par qui tous sont introduits dans la carrière, par qui tous sont promus aux grades supérieurs, et par qui le plus grand nombre peut être révoqué du jour au lendemain. La Constituante de 1789 avait bien compris que, pour affranchir à jamais le judiciaire de la tyrannie du gouvernement et de celle des assemblées parlementaires, il fallait lui donner une origine distincte, le faire engendrer directement par le peuple. Elle organisa un système de votation qui fonctionna bien la première fois, mal la seconde, et fut anéanti avant la troisième épreuve ; la Convention l'avait confisqué. Depuis cette époque, les projets de nomination des juges à l'élection ont plusieurs fois apparu dans les chambres, sans jamais y rencontrer de majorité sérieuse.

Ils semblent le monopole du parti radical et empruntent à leurs auteurs un parfum révolutionnaire assez accentué pour effrayer la masse conservatrice du pays. Nous avons déjà cependant toute une catégorie de juges élus et fréquemment renouvelés : ce sont les tribunaux de commerce. Seulement la qualité des électeurs et des éligibles est limitativement déterminée par la loi, et la fonction du magistrat consulaire est gratuite ; ces deux conditions suffisent pour assurer un bon recrutement. Appliquées aux tribunaux civils, il est fort probable qu'elles donneraient des résultats analogues, tandis que le suffrage universel, directement employé à choisir une magistrature appointée, risquerait de nous offrir bien des exemples de sélection à rebours.

Mais cette désignation par le suffrage universel, qui nous inquiète à juste titre, est-elle si fort éloignée de la pratique actuelle? Qu'est-ce aujourd'hui qu'un garde des sceaux, sinon le délégué d'une majorité de députés, délégués eux-mêmes par la masse? C'est donc le suffrage universel au troisième degré qui fait asseoir le juge sur son siège et qui, au besoin, l'en fait descendre. Pour se condenser d'abord dans le cerveau de trois ou quatre cents représentants, ensuite dans le crâne unique d'un ministre, croit-on que l'opinion publique d'un parti s'élève, s'épure, s'agrandisse? Croit-on qu'elle perde cette passion, qui est à la fois la force et la faiblesse des groupes, pour prendre la sérénité impartiale qui doit être le premier mérite d'un gouvernement vraiment national?

Le ministre, qui devient le grand électeur de la magistrature, peut, sans conseil, sans appui, sans contrôle, selon les hasards de la mort ou de la limite d'âge, disposer des charges les plus hautes comme les plus infimes, en investir à jamais ses amis et ses créatures, et « ce que son caprice, dit M. Picot dans son beau livre sur *la Réforme judiciaire,* aura décidé d'un trait de plume, par une décision solitaire et spontanée, l'inamovibilité le couvrira de sa garantie tant que vivra le magistrat, peut-être pendant un demi-siècle ».

Comment, faisait remarquer il y a trente ans déjà le duc Victor de Broglie, « un ministre de la justice ayant à manier un personnel de deux à trois mille juges dont il ne connaît pas la centième partie, et dont la cinquantième partie n'est pas en général connue du public, s'abstiendra-t-il de céder aux demandes, aux importunités, aux sollicitations de toute sorte? — et l'on imagine si un pouvoir sans limite provoque des sollicitations sans vergogne. — Comment osera-t-il se refuser à récompenser les services rendus à l'opinion qui l'a fait ministre, l'identité de conduite et de sentiments envers lui-même? Ce serait folie de l'espérer. »

Le voudrait-il, il en est incapable. Ne sait-on pas qu'il y a eu depuis vingt ans, pour l'ensemble des portefeuilles, environ 260 titulaires, et songe-t-on à ce que peut être l'existence d'un ministre dans notre République ! S'il retire, ce ministre, des vingt-quatre heures dont se compose la journée, le temps de dormir, de manger, de faire sa toilette, de voir sa famille, le temps qu'il donne à ses affaires privées, à ses intérêts électoraux dans le département qu'il ne doit jamais perdre de vue, s'il en retranche encore les moments consacrés aux discussions, questions et interpellations de la Chambre et du Sénat, les conseils des ministres, les commissions à présider, les audiences des particuliers, la vie mondaine sous ses diverses formes obligatoires.... ou réjouissantes, — on est homme.... — les voyages, inaugurations, cérémonies diverses auxquelles il faut assister, si l'on observe que l'individu le plus robuste est quelquefois malade et passagèrement incapable de travail, voyez ce qui lui reste d'heures, durant un passage de neuf à dix mois à la chancellerie, pour causer avec les chefs de service et étudier par lui-même les mouvements du personnel. Il est vrai qu'à ce distributeur général des sièges, ses collègues du Palais-Bourbon et du Luxembourg viennent singulièrement en aide pour éclairer sa conscience.

Quand une recommandation ou une dénonciation isolée n'avait pas suffi à déterminer un garde des sceaux, on a vu se rendre auprès de lui, de bon matin, des députations entières afin d'obtenir une nomination ou d'arracher une destitution. Si le ministre s'obstinait dans la résistance, ce qui d'ailleurs était rare, on a vu les trois fractions de la majorité lui déléguer avec solennité leurs bureaux, afin de prévenir que toute hésitation serait l'arrêt de mort du cabinet.

Et ce que l'on voit de nos jours, on l'avait vu déjà sous Louis-Philippe ; mêmes marchandages, même pression. Sous l'Empire la pression venait d'ailleurs, et c'était pis encore. Grâce à l'influence de pareilles menées, la magistrature dite *debout,* — qui effectivement est fort peu stable, — a changé six fois en vingt ans, selon les orages politiques qui renouvelaient les parquets de fond en comble.

Et pour atteindre les magistrats inamovibles qui ne disparaissaient pas assez vite, au gré du parti dominant, ce parti a eu le tort de porter la main sur l'inamovibilité même et a voué, pour longtemps peut-être, par une épuration inopportune, le pouvoir judiciaire à l'instabilité des revirements législatifs. En effet, l'inamovibilité suspendue, c'est l'inamovibilité supprimée ; il est des règles qu'on ne peut violer sans qu'elles soient ensuite méconnues. Cette inamovibilité, si absolue qu'elle s'applique non seulement au titre, mais à la résidence, et qu'aucun juge ne peut sans son consentement être transféré d'un siège à l'autre, si respectée jusqu'alors, qu'il a fallu, pour donner un semblant de légitimité à la mesure d'il y a huit ans, s'appuyer sur de rares exemples tirés de nos révolutions, que tous les honnêtes gens étaient d'accord pour regretter, cette inamovibilité, on en a tranquillement fait litière.

« L'épuration, disait, le 28 juillet 1883, le président du conseil d'alors, sera-t-elle inspirée par des considérations politiques? *Messieurs, je ne le nie pas*. Dans une certaine mesure, les considérations politiques éclaireront les décisions de M. le garde des sceaux. » — (Ah! ah! à droite. — Un sénateur, à gauche : Nous l'espérons bien.) — « Ce droit, d'ailleurs, ajoutait le chef du cabinet, est *limité par la garantie de la responsabilité ministérielle* », autrement dit, il n'a d'autre limite que la toute-puissance de la majorité. C'est en vertu de ce principe et au moyen de ce blanc-seing qu'on a pu, en trois mois, déposséder de leur siège dix premiers présidents sur vingt-sept, que les cours de Paris, d'Angers, d'Orléans, de Chambéry et autres ont vu disparaître le tiers, la moitié et parfois plus de la moitié de leurs membres, que 117 présidents de tribunaux ont été frappés et parmi eux les plus considérables : ceux de Lyon, de Lille, de Nantes, de Nancy, de

Grenoble, en punition des ordonnances de référé, rendues par eux deux ans avant pour affirmer la compétence de l'autorité judiciaire lors de l'expulsion des congrégations. L'absolutisme du peuple, exercé par la majorité parlementaire, a fait ce jour là ce que l'absolutisme du roi faisait dans ses mauvais jours.

Le pouvoir législatif, désireux d'opérer rapidement ce « changement à vue » du personnel, qu'il estimait à tort nécessaire à la stabilité de nos institutions, préoccupé de ne faire durer que le moins possible cette interruption anormale de l'inamovibilité, avait renfermé dans un délai de trois mois l'initiative du ministre. Celui-ci fut alors amené à opérer avec une précipitation qui prêta le flanc aux attaques des réactionnaires. Ceux-ci firent observer avec malice qu'en quelques semaines il y eut au même poste une révocation et quatre nominations ; qu'on nomma à Paris un juge suppléant qui n'était nullement le candidat auquel on croyait donner la place ; la chose fut mise, huit jours après, sur le dos du *Journal officiel*, qui publia un *erratum* invraisemblable. Détail plus fâcheux : dans une ville importante, un homme qui était détenu au dépôt, accusé d'ivresse manifeste et d'outrages aux agents, vit s'écarter les chances de poursuites et intervenir une ordonnance de non-lieu, parce qu'il était destiné à entrer dans la magistrature.

Qu'on ne pense pas que les nécessités de réduction du personnel judiciaire exigeassent ce sacrifice. Les sièges supprimés dans les cours d'appel étaient au nombre de 223 ; dans les tribunaux de première instance, ils ne s'élevaient qu'au chiffre de 184 ; soit un total de 410 postes environ. Or on calculait à la chancellerie que les vacances variaient entre 150 et 200 par année ; la réforme eût donc été accomplie, par voie d'extinction, en trois ans au plus, sans blesser aucun intérêt, sans violer aucun principe, d'une façon infiniment plus économique, puisqu'on n'aurait pas eu à concéder à ces quatre cents magistrats révoqués des pensions proportionnelles qui grèvent le Trésor public.

Le ministère de l'époque ne cacha pas son intention de faire profiter ses amis de cette aubaine inespérée, qui mettait à sa discrétion, pendant trois mois, tout ce qui portait une robe noire ou rouge. Il s'était engagé à ne faire entrer, pendant ces trois mois, aucun homme nouveau dans les rangs de la magistrature ; mais, après le vote de la loi, au lieu de la promulguer de suite, il attendit un mois et pendant ce mois, remplissant scrupuleusement les vides qui se produisirent, il *nomma à des postes supprimés par la loi,* — votée, mais non promulguée, — des personnes étrangères au corps, et qui, introduites par ce stratagème ingénieux, purent être gratifiées les semaines suivantes des mêmes emplois que les anciens magistrats.

De sorte qu'entre tous les projets de jurisconsultes et d'hommes d'État des partis les plus divers : projet Martel, Keller, en 1870, projet Arago en 1871, projet Bérenger, 1872, projets Delsol, Depeyre, Dufaure, Jules Favre, Cazot, etc., qui tous ont, avec plus ou moins de bonheur, cherché les moyens de soustraire le juge à la domination du pouvoir exécutif, ou d'améliorer l'administration de la justice, aucun n'a été adopté, aucun n'a été discuté sérieusement, et l'unique réforme qui ait été faite, — la diminution du nombre des magistrats, — a été accompagnée d'un acte de parti, presque d'un acte de violence. Et la réforme n'a passé, semblait-il, qu'afin de donner couleur et occasion à l'acte de violence ; si bien que l'opposition a pu dire que si l'on n'avait pas tenu à punir d'une main des sujets hostiles au gouvernement, on n'aurait jamais sans doute réformé de l'autre.

Le système préconisé par tous les amis de la liberté, sans distinction de nuances, pour libérer le pouvoir judiciaire, consiste à enchaîner le pouvoir exécutif, à restreindre ses choix par des présentations obligatoires, à l'enfermer dans des conditions d'ancienneté ou de capacité, à lui enlever même en totalité ou en partie le droit de nomination des magistrats pour le confier à la Chambre des députés, aux conseils départementaux, aux avocats, notaires, avoués et aux tribunaux eux-mêmes.

Soumettre l'entrée ou l'avancement dans le corps judiciaire à des règles légales dont nul ne puisse s'écarter serait à coup sûr un progrès notable ; c'est ce que nous avons fait pour l'armée, pour la marine, pour les ponts et chaussées, et c'est en quoi ces institutions puisent leur force et leur honneur. Où en seraient-elles aujourd'hui si les gouvernements contemporains avaient procédé à leur égard comme la Convention envers ses troupes improvisées ; si l'on voyait, à chaque révolution, destituer les colonels ou les ingénieurs comme les préfets et les procureurs de la République ? L'extrême stabilité engendre la routine, l'extrême variabilité engendre l'anarchie ; de ces deux maux ne voit-on pas quel est le moindre et celui qu'il convient de préférer ?

Admettre les assemblées électives locales à participer, sous une forme quelconque, au choix des magistrats, ce serait donner à ceux-ci d'autres maîtres et non pas les affranchir. Le seul procédé vraiment pratique, c'est d'abandonner à la justice elle-même le soin de recruter ses représentants, de la rendre maîtresse souveraine de sa hiérarchie : la Cour de cassation nommant ses membres au fur et à mesure des vacances, et les choisissant partie dans les cours d'appel, partie dans le barreau, les facultés de droit, les juristes éminents du pays ; les cours d'appel nommant à leur tour leurs conseillers et leurs présidents, pourvoyant en outre à tous les postes de leur ressort, sièges de première instance ou justices de paix.

A l'entrée de la carrière, la sélection se ferait par un concours annuel suivant le mode, vraiment juste et démocratique, déjà usité dans nombre de services d'État, et que le ministère de la justice employa aussi, en 1876, sur l'initiative de M. Dufaure. Les résultats excellents de cette tentative, qui fit sortir de l'obscurité des hommes de mérite, pour lesquels la magistrature serait peut-être demeurée fermée, n'ont pas empêché les gardes des sceaux qui se sont succédé depuis 1879, d'enterrer avec plaisir une institution qui avait pour but de restreindre leur ancien arbitraire.

Le rétablissement du concours devrait donc être le premier acte d'un gouvernement sage. Chaque année, une liste unique serait dressée par la commission d'examen, et dans cette liste les cours viendraient puiser pour remplir les vides de leur ressort. Le concours au début, puis le choix de ses anciens, enfin la cooptation de ses pairs, voilà les trois degrés d'une hiérarchie libre, voilà le moyen de créer en France un pouvoir judiciaire sur lequel les partis ne pourraient mordre et que les révolutions n'atteindraient pas.

Mais, dira-t-on, il se formera un esprit de corps, voire de coterie ; vous allez ressusciter les anciens parlements ! La magistrature ira s'isolant de plus en plus de la nation, étrangère et peut-être hostile au mouvement incessant des idées nouvelles. De pareilles appréhensions sont purement chimériques ; où prend-on les éléments d'une magistrature, retranchée dans ses palais comme dans des forteresses, embusquée derrière les articles de nos codes pour tirer à son aise sur les hommes et les choses qui lui déplairont? Le peuple ne garde-t-il pas sa toute-puissance législative, et celui qui fait la loi n'est-il pas au-dessus de celui qui l'interprète?

Seulement la loi, une fois votée, ne doit plus appartenir aux assemblées politiques. Sous prétexte qu'il en est le père, qu'elle est issue de son cerveau, que sa parole et sa plume lui ont donné le jour, le législateur est trop enclin à se permettre avec la loi des familiarités dangereuses. Il veut la guider dans le monde et conserver sur elle un droit de tutelle officieuse ; rien n'est plus fâcheux, plus contraire à un régime vraiment égalitaire. Comme le sculpteur païen adore, confondu dans la foule, le jour où elle est posée sur les autels, l'idole qui la veille criait sous son ciseau, et que l'avant-veille ses doigts ont pétrie ; comme la reine est, le lendemain de ses couches, la première sujette de son fils, ainsi la chambre législative doit être l'humble esclave de la loi, sortie de ses délibérations. Cette loi souveraine a, pour exécuter ses volontés, un corps de serviteurs : les agents du gouvernement ; et comme elle est muette, comme on peut différer d'opinion sur le sens ou l'étendue de ses ordres ou de ses défenses, elle a ses arbitres chargés de scruter sa pensée intime et de la faire connaître aux citoyens.

III

Parmi tous les moyens mis en avant pour garantir le droit des minorités, — et le droit des minorités intéresse tout le monde ; nul n'est sûr d'avoir toujours la « raison du plus fort », — le renforcement du pouvoir judiciaire est l'un des plus efficaces. Seulement, pour effectuer ce renforcement, il faudrait une loi ; or c'est la majorité qui fait les lois, et jamais jusqu'à ce jour elle n'a eu le courage de se dépouiller elle-même au profit d'une autorité anonyme qui ne sera pas dans sa main. Le jour où elle connaîtra mieux ses véritables intérêts, elle sera heureuse de renoncer à des attributions qui la ruinent, en faisant peser sur elle d'écrasantes responsabilités.

Supposez le juge de paix nommé par la cour d'appel, inamovible comme les autres magistrats, voilà le ministre aussitôt dégagé des obsessions de ses amis politiques, voilà le député également délivré des requêtes de ses électeurs influents, et voici le juge de paix, n'ayant rien à attendre ni à craindre des députés ni des électeurs, se désintéressant de la lutte des partis et tournant ses regards vers les hermines du chef-lieu dont il dépend. Que dit, au moment de sa prise de possession de la chancellerie, toute majorité victorieuse? « Il faut renouveler de fond en comble le personnel des juges de paix. »

De fait, cela semble assez raisonnable ; une opinion leur a valu l'investiture, une opinion contraire leur vaut la destitution. Que les nouveaux investis n'essaient pas de jouer à l'impartialité, ils perdraient leurs protecteurs sans désarmer leurs ennemis ; les hommes de parti nourrissent, aux époques troublées, une incurable méfiance contre l'homme qui n'est d'aucun parti. Les juges de paix sont ainsi victimes de la situation qui leur est faite : il leur échappe de temps à autre de singulières sentences, qui divertissent la presse et les adversaires du gouvernement, pour lesquels rien n'est sacré.

Il faut s'étonner, au contraire, qu'ils ne commettent pas plus de bêtises et d'abus. Ces personnages à qui le garde des sceaux, en les choisissant, demande surtout de « penser bien », c'est-à-dire de penser comme lui, demeurent placés entre une menace de révocation et une promesse d'avancement, selon qu'ils vont à droite ou à gauche, qu'ils se montrent austères ou dociles. Correction ou récompense, cravache et morceau de sucre, c'est ainsi que l'on dresse les chevaux les plus rétifs ; il faudrait, pour résister, que nos juges de paix fussent des héros... ou des imbéciles, puisqu'ils savaient, en acceptant la place, les servitudes qui la grevaient.

Tous les gouvernements sont peu ou prou tombés dans cette erreur de croire que le juge de paix amovible constituait un bon agent électoral ; l'action de ce dernier est pourtant tout à fait nulle, c'est la mouche d'un coche qui va tout seul. Qu'une opposition gagne ou perde la partie, elle a toujours intérêt à faire croire à des tentatives du pouvoir pour biseauter les cartes ; cela grandit d'autant sa victoire ou atténue sa défaite. En réalité, l'appui des fonctionnaires ne vaut exactement que ce que vaut, dans l'opinion, le régime même qui les emploie. Selon que ce régime est populaire ou impopulaire, être soutenu par lui fait réussir ou fait échouer.

Le premier venu peut aujourd'hui être nommé juge de paix, il n'est besoin de remplir aucune condition de capacité ; il suffit d'avoir trente ans révolus. Encore cette limite d'âge est-elle une simple tradition, jusqu'à présent observée, mais que ne prescrit aucun texte légal ; la Constitution de l'an III, qui avait établi cette règle, étant abrogée dans son ensemble depuis quatre-vingt-dix ans.

Le personnel des magistrats cantonaux est le plus bigarré qui existe : comme âge, il varie de trente ans à quatre-vingt-dix ; comme fortune, il en est qui jouissent de 200,000 fr. de rente, il en est qui n'ont que des dettes ; comme instruction, on y voit des brevetés élémentaires, dénués de tout diplôme, et des docteurs ès lettres et en droit. Ces derniers ne sont pas toujours les plus avisés ; c'est par l'un d'eux que fut rendu, il y a quelques années, un jugement mémorable, à l'occasion d'un corset refusé par sa destinataire, « parce qu'il n'allait pas ». Le juge déclara ne pas connaître les qualités que devait réunir un bon corset, loyal et marchand ; estimant d'ailleurs ne pouvoir ni obliger la cliente, pour des motifs de convenance, à le revêtir devant lui, ni le faire essayer par un tiers, tel que son greffier, aux formes duquel il ne pourrait convenir, il crut devoir se déclarer incompétent.

On dirait de la question des juges de paix qu'elle est une de celles *qui s'imposent,* si cette expression ne devait paraître une satire du peu d'intérêt que les législateurs lui ont accordé pendant longtemps. L'extension de la compétence et de la juridiction, l'exigence de certaines garanties et l'inamovibilité, telles sont les bases de règlements à l'étude depuis vingt-cinq ans. Une commission, travaillant au ministère de la justice depuis 1864, avait saisi le Conseil d'État d'un projet de loi dont l'examen fut interrompu par la chute de l'Empire. En 1877, des pétitions furent adressées au Sénat et à la Chambre pour demander une réforme dans le même sens ; l'un des porteurs de ces doléances était, si j'ai bonne mémoire, M. Ch. Floquet, député de la Seine : « Cette affaire mérite particulièrement l'attention, disait-il, parce qu'elle touche aux intérêts des classes peu fortunées. » Depuis les propositions de MM. Floquet et Parent, on en vit d'autres, déposées par MM. Cazot, Humbert, Martin-Feuillée, Brisson ; nombre de conseils généraux firent des vœux dans le même sens, une foule de candidats inscrivirent, en 1885, sur leur programme, la réforme des justices de paix comme moyen d'arriver à une diminution des frais de justice.

La commission parlementaire craignit, elle ne le cacha pas, de causer par cette loi un préjudice indirect aux greffiers et aux avoués des petits tribunaux, semblable ainsi à un conseil d'hygiène qui se garderait de combattre les épidémies, pour ne pas faire de tort aux honoraires des médecins. La Chambre demanda un projet d'ensemble comprenant la refonte du Code de procédure civile, et une réorganisation complète des institutions judiciaires ; c'était un honorable renvoi, l'intérêt d'un petit nombre prima, une fois encore, l'intérêt général [1].

Quelque digne de ménagements que puisse être en effet l'armée des officiers ministériels, le souci de maintenir ses revenus intacts ne peut être comparé à la nécessité de rendre la justice moins onéreuse. Le gouvernement, qui nomme ces intermédiaires, ne leur garantit qu'un titre purement illusoire s'ils ne savent pas créer ou conserver une clientèle ; ce titre même, l'Assemblée nationale en avait enlevé la propriété à leurs prédécesseurs de 1790, et,

---

1. Depuis que ces lignes ont été écrites, une loi, votée par la Chambre, donne satisfaction à une partie des vœux qui précèdent et qui suivent. Cette loi est en ce moment soumise au Sénat où les officiers ministériels se flattent encore de la faire échouer.

avant que la Restauration l'eût rendue à quelques-uns d'entre eux, d'énergiques élagages avaient été pratiqués pour le bien commun.

Doit-on regretter, bon Dieu! que Paris n'ait plus, comme au temps de Louis XV, pour une population quatre fois moindre, un nombre d'avoués six fois plus grand que celui d'aujourd'hui, que Vitry-le-Français, qui avait vingt procureurs, n'ait plus que cinq avoués, que Cahors ne possède plus que sept avoués au lieu de quarante-sept procureurs?... Ce privilège des avoués, huissiers, notaires, l'État qui le maintient pourrait y mettre certaines restrictions, comme il l'entoure de certaines garanties ; à preuve le décret récemment élaboré par le ministre de la justice qui, effrayé du nombre chaque année croissant de déconfitures dans le corps du notariat, a créé des inspecteurs spéciaux dont le traitement sera prélevé sur la bourse même des notaires.

La réforme continue donc de figurer à l'ordre du jour, non pas à celui de la Chambre, mais à celui de l'opinion, et cela suffit pour qu'elle aboutisse. L'extension projetée de la compétence des juges de paix aura pour effet, d'après les statistiques fournies par le ministère de la justice, d'enlever aux tribunaux de première instance le tiers des affaires civiles dont ils sont actuellement saisis; la justice sera ainsi plus décentralisée, plus à la portée du contribuable. Un procès de la valeur de 100 à 200 fr. peut aujourd'hui être soumis successivement à deux degrés de juridiction, tandis que les procès d'une importance de 200 à 1,500 fr. ne peuvent être portés que devant le tribunal de première instance en premier et dernier ressort. On élèverait sans aucun inconvénient au double, au quadruple même, les sommes auxquelles la loi de 1838 a borné la compétence des magistrats cantonaux pour les actions personnelles et mobilières, actions en paiement de loyers ou fermages, etc. M. Floquet, dans son rapport, proposait de leur confier les décisions jusqu'à 40 fr. de revenu, en dernier ressort, et jusqu'à 100 fr. de revenu à charge d'appel.

Qu'on les laisse trancher seulement, sans appel, jusqu'à 400 fr. de capital, et en premier ressort jusqu'à 1,500 fr., on réalisera déjà un progrès notable. La dépréciation seule du numéraire, depuis un demi-siècle, diminue sensiblement les attributions que le législateur a entendu confier aux juges de paix ; le taux de leur compétence est devenu dérisoire, et l'*augmentation* apparente de ce taux n'est, pour partie, que son *rétablissement* à un chiffre correspondant au chiffre primitif.

L'autorité pénale des « auditoires » ruraux devrait également grandir, ce qui permettrait à l'État de réaliser quelque économie dans ses frais de justice criminelle, qui grossissent furieusement depuis une quinzaine d'années. Il est constant qu'un grand nombre d'infractions auxquelles on a donné la qualification de délits (police de la chasse, de la pêche, du roulage) et qui ressortissent aux tribunaux correctionnels, présentent beaucoup plutôt le caractère de contraventions, en ce qu'elles ne comportent pas l'examen des questions d'intention ou de moralité. Qu'on ne s'inquiète pas de surcharger de besogne ces « jugeries » du premier degré : l'esprit de chicane visiblement s'affaiblit en France depuis ce siècle.

Doit-on s'en réjouir? — un peuple plaideur n'est pas un peuple esclave — le fait est néanmoins patent. Nous n'avons pas là-dessus même ardeur que nos pères, cependant les procès coûtent proportionnellement moins cher qu'autrefois ; ce qui prouve que le haut prix auquel la justice met ses arrêts n'est point pour arrêter ceux qui veulent se ruiner en sa faveur. Donc les travaux des juges de paix diminuent : les affaires portées à l'audience pour y recevoir jugement étaient annuellement, de 1871 à 1875, au nombre de 392,000 ; de 1881 à 1885, elles ne sont plus que de 328,000. Celles réglées en conciliation allaient à 2,250,000 de 1871 à 1875 ; de 1881 à 1885, elles sont tombées à 1,835,000.

Ne craignons pas non plus de multiplier les procédures : dans la dernière période quinquennale, sur les 80,000 jugements, susceptibles d'appel, rendus chaque année par les juges de paix, les parties n'en ont attaqué que 4,800, soit environ 6 p. 100, que les tribunaux civils ont confirmés dans la proportion de 60 p. 100. Qu'avec l'extension projetée de leur compétence le rapport entre le chiffre des sentences rendues par les sièges de paix et celui des appels dont elles sont l'objet demeure le même ; ou qu'il s'accroisse de moitié, qu'il double peut-être et atteigne 12 p. 100 au lieu de 6, le bienfait de la loi nouvelle n'en sera pas moins immense, puisqu'en neuf cas sur dix elle ménagera la poche des plaideurs.

Il n'y a pas à tenir compte de cette supposition absurde que les huissiers des chefs-lieux de canton seraient incités à vendre leurs études pour devenir agents d'affaires, ou que les nouveaux procès amèneraient dans les bourgades une invasion d'avocats et d'avoués de la sous-préfecture. L'intérêt privé, livré à lui-même, se charge de restreindre leur ministère. L'objection formulée contre l'autorité d'un juge unique n'est pas plus sérieuse : sans prétendre appliquer à la magistrature le mot de George Sand à Flaubert : « Avez-vous remarqué, mon ami, comme on est bête quand on est beaucoup ? » on doit convenir que la responsabilité personnelle est ici le correctif d'un pouvoir non partagé ; que refuser confiance à l'intégrité, à l'impartialité, à la suffisance des lumières d'un juge unique, c'est faire le procès à notre système d'instruction criminelle, confiée sous l'ancien régime à plusieurs juges, tandis que nos lois modernes la réservent à un seul, c'est contester la capacité d'un président en matière de référé, celle des juges ordinaires qui, en fait d'interdiction, de réponses aux requêtes, d'ordonnances pouvant porter atteinte au crédit et à la fortune des citoyens, tranchent seuls, et souvent sans recours, les questions les plus graves.

Certes, nul ne saurait songer à conférer à la troupe fort mêlée, recrutée un peu à tâtons, de nos magistrats cantonaux actuels, la compétence étendue dont je parle ; ce serait s'exposer à de cruels mécomptes. Le juge de paix doit d'abord donner une garantie de capacité professionnelle par le concours, il doit en même temps recevoir, par l'inamovibilité, une garantie d'indépendance. Mais pour améliorer la race, pour infuser un sang nouveau dans ce personnel, il faut, a-t-on dit, augmenter les traitements.

Les candidats ne font pas défaut, mais ils ne sont pas d'une espèce assez relevée pour être investis d'attributions aussi importantes que celles qu'on leur destine. Plus des deux tiers de nos juges de paix n'ont que 1,800 fr. de traitement, ce qui est mince; mais ne croit-on pas que le jour où le titulaire, garanti contre les menées des partis par la possession inattaquable de son office, verra le prestige de sa fonction singulièrement grandi, cette fonction ne sera pas sollicitée, comme un honneur, par de petits propriétaires, par des membres de la bourgeoisie locale, qui y trouveront, avec un supplément de revenu, une source nouvelle de considération.

Les charges de maire dans un chef-lieu de

canton, ou de juge de commerce, toutes deux rigoureusement gratuites, quelquefois même onéreuses, toutes deux aussi astreignantes, par les obligations qu'elles imposent, que celles de juges de paix, ne sont-elles pas chaque jour acceptées, recherchées, par des individus d'opinions diverses, qui y trouvent la satisfaction d'une ambition légitime?

N'est-il pas, dans notre pays, vingt occupations nullement lucratives, mais simplement honorifiques, auxquelles des particuliers médiocrement aisés se livrent sans y être forcés? L'emploi de juge de paix, si peu rétribué qu'il soit, serait certainement brigué par de toutes autres personnes que celles qui l'occupent aujourd'hui, le jour où il deviendrait une vraie et libre magistrature; comme, au contraire, on verrait baisser le niveau social des juges de commerce et des maires de canton, si on les mettait à la nomination des ministres de la justice et de l'intérieur, en les appointant d'un billet annuel de 1,000 à 1,200 fr.

Lors même que l'on désirerait, par un sentiment de très fausse et de très sotte démocratie, attirer par un traitement plus alléchant des candidats plus capables, le moyen en a été maintes fois indiqué et il ne grèverait en rien le budget de la justice. L'effectif de nos 2,900 juges de paix pourrait être réduit d'un tiers; un millier d'entre eux seraient supprimés sans inconvénient. Ceux qui seraient maintenus verraient diminuer leurs loisirs; ils ne seraient pas tentés de s'entendre avec les commissaires de police, pour laisser leur prétoire fermé lorsque le rôle ne comporte pas un certain nombre d'affaires à juger, comme une circulaire récente du garde des sceaux le leur reprochait; leur juridiction s'étendrait sur deux cantons où ils tiendraient alternativement leurs audiences, et l'économie réalisée sur les sièges supprimés viendrait grossir les émoluments de ceux dont la situation pécuniaire est aujourd'hui la moins brillante.

IV

Mais pour que le pouvoir judiciaire joue utilement, dans notre pays, le rôle de contrepoids auquel il est destiné, il ne suffit pas que tous ses représentants soient inamovibles, qu'aucun ne soit nommé par le pouvoir politique, il faut aussi qu'il soit le maître de l'interprétation de toutes les lois sans exception, que la juridiction dite *administrative*, purement et simplement supprimée, soit remise aux tribunaux ordinaires.

Dans presque tous les procès que jugent les conseillers de préfecture et d'État, il y a une partie dont le crédit est immense, le ressentiment terrible, la bourse inépuisable, c'est l'État. Les conseillers d'État et de préfecture tranchent des matières où un citoyen plaide contre 10 millions d'autres ; et comme si une pareille inégalité entre les deux plaideurs n'était pas déjà assez dangereuse par elle-même pour l'impartialité du juge, les 10 millions se sont encore réservé le droit de révoquer cet humble arbitre, s'il leur déplaît, tandis que les juges de l'intérêt privé sont inamovibles. C'est une violation flagrante de ce qu'on appelle « les principes de 1789 » ; les cahiers des états généraux étaient unanimes à demander l'unité de juridiction.

On défend bien mal la juridiction administrative, telle qu'elle a été inventée par le législateur de l'an VIII, en l'assimilant aux bureaux de finance, cour des aides et des monnaies, connétablie et amirauté de l'ancienne monarchie ; c'est précisément la suppression de toutes ces spécialités justicières que l'on se flattait d'obtenir par la Révolution. Mais la comparaison n'est même pas exacte : les « trésoriers de France », juges du contentieux fiscal, les officiers des « tables de marbre » auxquels ressortissait la police des grands chemins, des forêts et des rivières, étaient des magistrats héréditaires.

Notre juridiction administrative moderne

est fille du « conseil privé », contre qui protestaient nos pères, et qui a ressuscité sous un autre nom. Et l'objet des arrêts de cette juridiction est le plus insaisissable, le plus variable et ondoyant de tout le droit. Pour livrer au public ses *Instituts de droit administratif,* M. de Gérando a compulsé et réuni, en 1829, plus de 80,000 lois, ordonnances, décrets et arrêtés. A quel chiffre inouï en sommes-nous en 1891 ? « Quels sont, demandait Tocqueville, les principes naturels et les règles nécessaires qui, sortant du fonds même des besoins et des idées du temps, doivent former la partie immuable du droit administratif »? Qui se chargerait aujourd'hui de lui répondre, après tant de changements dans l'organisme public de ce pays !

Si l'on passe en revue une à une les matières de ce code hétéroclite, depuis les procès relatifs aux marchés passés avec les administrations communales, départementales et l'État, jusqu'au contentieux électoral et aux rapports des pouvoirs spirituels et temporels, on voit qu'il est aisé de les renvoyer toutes aux juges du droit commun, dont elles forment un chapitre comme le droit commercial, le droit civil et le droit criminel en forment d'autres. C'est ce qu'ont fait des nations voisines, la Belgique, depuis soixante ans, et l'Italie, depuis vingt-cinq, sans parler des pays, plus nombreux encore, où n'a jamais existé cette juridiction amphibie. C'est ce qu'ont proposé, en France, d'excellents esprits dans leurs critiques contre cette institution, dont le crédit, depuis cinquante ans, n'a pas augmenté.

MM. le duc de Broglie en 1830, de Larcy en 1851, Bethmont en 1865, Raudot en 1871, pour n'en citer que quelques-uns, ont tour à tour fait ressortir les vices d'un système qu'aucun régime jusqu'ici n'a eu le courage d'abandonner. Brochures, articles, avis, rapports, études multiples ont laissé la question pendante. Les anomalies les plus fortes n'étonnent plus, et il semble que l'on y soit habitué. La loi remet aux tribunaux toutes les difficultés relatives aux contributions indirectes et attribue aux conseils de préfecture les impôts directs ; une réduction de 10 fr. demandée par un contribuable, en fait d'impôt foncier, et accordée par le directeur du département, doit motiver un jugement, tandis qu'en matière de contributions sur l'alcool ou le tabac on consent de gré à gré, administrativement, des transactions de 1,000, de 2,000 fr. et au-dessus!

La loi distingue les rues et les chemins classés dans la petite voirie, qui appartiennent à la justice ordinaire, des routes classées dans la grande voirie qu'elle abandonne à la juridiction administrative à ce point que des contraventions, souvent fort délicates, sont soumises à des conseillers de préfecture qui prononcent des amendes, comme si les prévenus étaient entourés des garanties de la justice répressive. Parfois au contraire ces contraventions, qui touchent la forme des moyeux de roues, la largeur des chargements, le nombre maximum des chevaux à atteler, sont de simples vétilles qui devraient regarder les juges de paix, comme les procès-verbaux pour absence de lanternes aux voitures.

La juridiction administrative agit envers les tribunaux ordinaires de ce xix° siècle, comme les juges royaux du moyen âge envers les juges seigneuriaux ; elle tend sans cesse à étendre son domaine et à restreindre le leur ; et comme elle semble plus particulièrement favoriser l'État au détriment des particuliers, tandis que la magistrature véritable a, au contraire, une tendance à protéger les particuliers contre l'État, il s'ensuit que chaque extension de la justice rendue par les fonctionnaires de l'État est un accroissement du socialisme d'État et un amincissement du droit individuel.

Ainsi l'on en est venu à affirmer, comme règle absolue, qu'en l'absence d'un texte formel les tribunaux ne peuvent déclarer l'État débiteur pour les actes de gestion des services publics ; ainsi l'on a violé la loi du contentieux de 1828, qui interdisait le conflit en matière correctionnelle ou criminelle ; aujourd'hui, par le conflit, les juges administratifs sont juges des matières d'ordre judiciaire commun. On dessaisit la justice ordinaire, *en élevant un conflit,* parce que le demandeur en dommages-intérêts, victime d'un accident, a été renversé par la voiture d'une administration publique.

Les limites presque idéales, en tout cas si difficiles à tracer, entre ce qu'on appelle « droit administratif » et le droit commun, l'État a tenu à en rester maître par cette réunion d'arbitres dont il compose la majorité à sa guise, le tribunal des conflits, qui n'a de tribunal que le nom et que, sous l'ancienne monarchie, on eût flétri du nom de « commission extraordinaire ». De telle sorte que, d'après la constitution en vigueur, ce qui reste de justice ne subsiste que par la bonne volonté du pouvoir exécutif qui peut : 1° élever tous les conflits que bon lui semble ; 2° déclarer qu'ils ont été élevés à bon droit ; 3° renvoyer ensuite le jugement du fond à ceux de ses fonctionnaires qu'il décore du nom de juges administratifs.

Un projet de loi a été déposé, au nom du

gouvernement, par M. Fallières, ministre de l'intérieur, il y a quelques années, qui avait pour but le remaniement des conseils de préfecture. Ce projet, avec quelques bons côtés (restitution à la justice ordinaire d'un certain nombre d'attributions, abandon de formalités niaises compliquant sans profit les affaires), en avait de fort mauvais par où il mérite des titres à l'oubli qui lui est réservé dans les cartons de la Chambre : il maintenait l'amovibilité des juges administratifs, supprimait le recours au Conseil d'État en fait de contentieux électoral et, ne laissant subsister que 22 conseils de préfecture, leur composait des ressorts de deux à sept départements, ce qui eût obligé le justiciable à aller plaider en première instance à trente lieues de chez lui.

Comme tous ses congénères, ce projet de loi combattait la suppression des conseillers de préfecture, au nom du principe de la séparation des pouvoirs : « Cette séparation, disait-il, nécessaire sous tous les régimes, l'est plus encore dans une république démocratique... » Or c'est justement au nom de la séparation des pouvoirs que ces conseillers doivent être supprimés; car, ou ils sont fonctionnaires et alors, en jugeant, ils empiètent sur le domaine judiciaire, ou ils sont magistrats et il n'y a aucune raison pour que certaines lois soient dévolues à des magistrats spéciaux.

Personne, j'imagine, ne serait touché de cet argument en faveur de la juridiction administrative, que les travaux publics coûteront plus cher parce que les tribunaux feront perdre des procès à l'administration, tandis qu'aujourd'hui elle est toujours maîtresse de ce qu'elle veut accorder aux entrepreneurs. Ce serait avouer un singulier arbitraire. Mais, dira-t-on, « en matière de contentieux administratif, juger, c'est administrer ». Pas du tout! Administrer, c'est appliquer, exécuter les lois; juger, c'est dire, en cas de réclamation des tiers, si les lois ont été bien ou mal appliquées et exécutées. Les citoyens délégués au gouvernement de la société sont et doivent être soumis comme tous les autres, dans le gouvernement de leurs frères, aux lois qui régissent la société.

« Donnerez-vous aux juges, demande-t-on, le droit de casser un arrêté préfectoral ou l'acte d'un ministre? vous allez soumettre les préfets aux caprices des tribunaux d'arrondissement. » Nos mœurs ne comportent désormais rien de pareil; nos parquets n'auront plus, comme sous la restauration, à lutter contre des cours trop imbues des précédents de l'ancien régime, qui prétendaient mander les préfets à leur barre. Si l'on suppose que les pouvoirs judiciaires (tribunaux de première instance, d'appel et de cassation) sont, du haut en bas de l'échelle, des factieux, en rébellion générale et constante contre le pouvoir exécutif, qu'ils ne se serviront du droit d'interpréter la loi que pour entraver l'application même de la loi, on admet qu'il n'y a plus de gouvernement possible, parce qu'on suppose que ceux qui sont les ministres de la loi en seront les premiers ennemis et les destructeurs systématiques.

C'est comme si l'on disait : « Il ne faut pas

confier à des gendarmes le soin d'arrêter les voleurs, parce qu'ils pourront s'entendre avec les voleurs, et qu'ainsi la société sera en danger d'être volée à la fois par les uns et par les autres ; il ne faut pas confier à des caissiers le soin de garder l'argent de l'État parce qu'ils pourront lever le pied et se sauver avec la caisse. » C'est tout à fait le mot de l'Évangile : Si le sel perd sa force, avec quoi le salera-t-on !

L'article 75 de la Constitution de l'an VIII, qui ne permettait pas les poursuites contre les fonctionnaires publics autres que les ministres, a été abrogé par un décret de septembre 1870 ; mais le tribunal des conflits l'a fait revivre, quelque peu après, en *distinguant* l'acte constituant une faute personnelle du fonctionnaire, lequel relève de l'autorité judiciaire, et l'acte administratif qui, dit-il, n'en relève pas. Voilà qui est légal peut-être, mais injuste : l'acte administratif est-il conforme ou contraire à la loi ? ceci est essentiellement, semble-t-il, du domaine des magistrats.

Il ne s'agit pas du reste, pour le juge, d'apprécier cet acte en lui-même, mais de connaître seulement de ses effets, dans leurs rapports avec le litige. Il arrive, avec notre système actuel, qu'il n'y a d'autre moyen d'avoir raison du pouvoir exécutif, même en une très petite chose, que d'interpeller un ministre, c'est-à-dire d'en appeler du pouvoir exécutif au pouvoir législatif, et qu'ainsi, pour éviter une prétendue confusion, on tombe dans une autre ; sans compter que, si la Chambre est d'accord avec le ministre incriminé, elle l'approuve, — et c'est le cas le plus général ; — si elle le désapprouve par un ordre du jour, elle le renverse, et comme elle hésite à ébranler le gouvernement pour un intérêt privé qui lui importe peu, le tout finit par un déni de justice.

Ces conseils de préfecture, en somme, qui dans le principe devaient être des juges, que jugent-ils? Si l'on s'en rapporte à la statistique, celui de la Seine a 30,000 affaires par an, trois autres ont de 20,000 à 22,000, neuf de 15,000 à 20,000, huit de 10,000 à 15,000, etc. ;

mais presque toutes ces soi-disant affaires sont des réclamations fort simples de contributions directes, ne donnant lieu à aucune procédure, et dont les véritables arbitres sont les directeurs départementaux, dont l'avis est toujours adopté. Il n'y a donc aucun inconvénient à laisser ces fonctionnaires seuls responsables, puisqu'ils sont seuls compétents, et le ministre de l'intérieur l'avait proposé.

Ces affaires déduites, il ne reste que 1,340 litiges à Paris, 400 à 500 dans les grands départements et une centaine à peine dans les petits. On voit ce que l'attribution à la juridiction ordinaire des procès de ce genre donnerait de besogne aux tribunaux d'arrondissement entre lesquels ils seraient répartis : 50 à 100 affaires par an, une misère, puisque là-dessus il est beaucoup de questions de voirie, sans importance. Que dire des attributions purement administratives des conseillers de préfecture? Je parle de celles qu'ils exercent et non de celles qu'ils sont censés exercer, telles que leur coopération fictive aux « arrêtés du préfet *pris en conseil de préfecture* ». Le législateur, dit solennellement une circulaire ministérielle de 1884, « veut que le préfet, avant de prendre sa décision, *s'éclaire des lumières et de l'expérience* de fonctionnaires (la plupart âgés de vingt-cinq à trente ans) appelés souvent à se prononcer sur des difficultés analogues ».

Trois ans après, l'exposé des motifs du projet de loi de 1887, expliquant que « le préfet statuera seul dans les cas où il statuait jusqu'ici en conseil de préfecture », ajoutait ingénument : *On sait qu'il n'y avait là qu'une sorte de formalité.* Effectivement, chacun de ceux qui ont reposé, pendant quelques mois, sous le toit d'un hôtel préfectoral, le savent ; mais il n'est pas désagréable de l'entendre dire ; il est d'ailleurs bien d'autres formalités que l'on continue à encenser comme des dieux.

Quelquefois le conseiller de préfecture supplée le préfet et fait fonction de secrétaire général ; grâce à cette dualité, le même homme peut être appelé à se prononcer, *en tant que juge,* sur une affaire qu'il aura ordonnée, instruite et même approuvée comme préfet intérimaire; ou bien, pris à l'improviste pour remplacer le commissaire du gouvernement à l'audience, il sera peut-être forcé de parler dans un procès qu'il aura instruit comme rapporteur, et de déposer des conclusions contraires à l'opinion qu'il s'est faite de la question. Pour le suppléer comme juge, on appellera à siéger des conseillers généraux ; la loi autorise cette adjonction, d'ailleurs fréquente, par laquelle des médecins, des manufacturiers, des rentiers quelconques, engagés dans la politique militante, peuvent se trouver en majorité dans un conseil de préfecture. Rœderer, défendant sous le consulat, en qualité d'orateur du gouvernement, la création de ces tribunaux administratifs, insistait sur la nécessité de « ne pas permettre que les parties soient jugées sur des rapports et avis de bureaux ». Les rapports et avis de bureaux sont au contraire et seront longtemps encore, si l'on maintient le système actuel, la cause déterminante de jugements qui étonnent l'opinion publique, irritent le contribuable et font grossir démesurément le nombre des appels portés devant le Conseil d'État.

Ces appels augmentent dans une proportion assez forte pour que l'un des derniers ministres de la justice ait dû demander au parlement la création d'une section supplémentaire du contentieux. « La nécessité, disait-il, en est incontestable ; le nombre des affaires arriérées, qui est de près de 3,000, atteindrait 4,900 cette année si la nouvelle section n'était pas créée. » Depuis lors, les justiciables peuvent être envoyés, soit à la section nouvelle du contentieux qui se compose de trois membres, soit à l'ancienne qui en compte sept, soit à l'assemblée générale du Conseil d'État. Une pareille incertitude de juridiction est-elle admissible ?

Pénétrer dans le néant pompeux des sections administratives du Conseil d'État m'entraînerait en dehors du présent sujet. Chacun sait que ce rouage ancien sert à fort peu de chose depuis la chute de l'Empire. La troisième République s'est payé un Conseil d'État, parce qu'il est de tradition qu'un gouvernement qui se respecte entretienne une institution de ce genre ; elle fait partie de « l'état de maison » auquel le pays est habitué ; mais, de par la constitution et les pratiques parlementaires, le conseil ne fait plus que mâcher à vide les dossiers qui traversent sans profit ses portefeuilles et ses cartons. *Décret rendu en Conseil d'État* est presque, pour le ministre, ce qu'est pour le préfet l'arrêté *pris en conseil de préfecture*, c'est-à-dire peu de chose de plus que le décret ou l'arrêté simple.

Aux trois sections que les pouvoirs exécutif et législatif laissaient déjà s'atrophier dans l'inaction, on en a ajouté deux autres, portant le nombre des conseillers de 18 à 26, multipliant les maîtres des requêtes, les auditeurs, — et par suite la dépense, — à l'avenant ; mais les législateurs et les administrateurs ont continué à faire preuve de la même gloutonnerie d'attributions, et s'ils posent à ce corps consultatif quelques questions, ils se réservent bien entendu de ne pas écouter les réponses. Dans ces conditions le Conseil d'État n'est plus qu'une façade derrière laquelle il n'y a rien. Le gouvernement devrait ou supprimer les sections administratives du Conseil d'État, ou les investir d'une autorité propre en donnant une sanction positive à leurs avis. Il devra en ce cas les décharger d'une foule de broutilles sur lesquelles leur attention ne peut être sérieusement appelée et qui ne font un détour par le Palais-Royal que pour la forme.

Quant à la section du contentieux qui constitue un véritable tribunal, il la transformera en une quatrième chambre de la Cour de cassation, devenue *cour suprême* comme aux États-Unis d'Amérique, interprète universelle de la loi française dans son principe, quand le débat atteint ces sphères supérieures où le droit lui-même est jugé. Cette « pièce-maîtresse » de la constitution, ainsi que l'a très bien nommée M. G. Picot, est indispensable au bon fonctionnement de notre machine politique; elle fera respecter la loi non seulement par les minorités qui la subissent, mais aussi par les majorités qui la font et par les gouvernements qui l'appliquent.

« Ce qui renverse les trônes placés sur les hauts sommets, disait un ancien, c'est que les puissants ne sont jamais rassasiés de puissance. » C'est au peuple-roi que s'adresse aujourd'hui cette parole. Qu'il conserve dans sa plénitude le pouvoir législatif, mais qu'il affranchisse l'exécutif et qu'il renonce au judiciaire ; la liberté de tous est à ce prix.

La chambre administrative de la Cour de cassation n'aura pas, cela va sans dire, à s'occuper de ces procès minuscules, de ces déclarations d'utilité publique d'une valeur de 150 à 200 fr. en principal, qui viennent aujourd'hui au Conseil d'État parce que les conseils de préfecture n'ont aucune compétence en dernier ressort. De là un encombrement absurde dans la capitale pour des litiges que régleraient désormais les tribunaux civils, en première instance, et les cours, en appel.

V

Une seule chose survivrait à la juridiction administrative actuelle : sa procédure. En fusionnant avec la justice ordinaire qui lui fournirait ses magistrats inamovibles et indépendants, elle garderait ses formes simples, peu coûteuses, faciles à comprendre, et plaisant aux parties par tous ces motifs. Il y a beau temps que l'on cherche à réformer la procédure civile, et que ce problème de juger vite et à bon marché tout en jugeant bien est posé devant ceux que Bossuet appelait les « pasteurs des peuples ». Nos États généraux ont longtemps demandé la modération des exigences de Thémis. « Dieu me fera peut-être la grâce, dans ma vieillesse, disait Henri IV, de me donner le temps d'aller deux ou trois fois par semaine au parlement, comme y allait le bon roi Louis XII, pour travailler à la prompte expédition des procès. » En 1789, quelques mois avant la chute de la royauté, Louis XVI créait une commission de magistrats exclusivement chargée de la même besogne.

En 1891, une commission analogue fonctionne encore au ministère de la justice ; elle fonctionne même depuis une quinzaine d'années, quoiqu'elle ait plus d'une fois changé de nom et de membres. Bien osé serait celui qui pourrait assigner un terme à ses travaux. Elle est chargée de la réforme du Code de procédure civile et de l'examen de tous les projets présents et à venir touchant l'organisation judiciaire. Il serait toutefois injuste de nier que, depuis la Révolution, la question n'ait fait un pas, et que la République actuelle n'ait témoigné pour les progrès de cette nature une réelle sollicitude.

J'ai sous les yeux le dossier d'un procès d'il y a cent ans, où il s'agit d'une somme absolument minime : il commence par une requête verbale, en douze rôles, demandant visite des lieux et comprend nombre « d'expédients » et « d'à venir signifier », une « sentence contradictoire entérinant le procès-verbal », un appel au parlement, arrêt de défense, demande en mainlevée de défense, arrêt par défaut sur le fond, consignation de l'amende, requêtes de part et d'autre, appointement sommaire, production des parties, arrêt, façon de l'arrêt, signification, déclaration de dépens, etc. C'est exactement *les Plaideurs* de Racine, et l'ensemble devait coûter gros. « Les parties, disait un proverbe, baillent à la justice leurs vaches et n'en gardent que les queues. » Nos avoués, en vérité, valent mieux que les procureurs de jadis.

Mais combien sommes-nous loin encore de cette justice à peu près gratuite qui devrait être la première institution d'une nation civilisée ! La justice n'est-elle pas, de tous les biens, celui qu'un État *doit* le plus évidemment à tous ses membres ? N'est-on pas en droit d'exiger une justice gratuite (comme on a une gendarmerie et une police gratuites), tout autant qu'une instruction gratuite ? « S'il n'en coûtait rien de plaider, dit-on, on en verrait de belles. » Il est aisé de répondre que mieux vaut avoir cent mauvais procès que d'en empêcher un bon, que mieux vaut risquer beaucoup de causes absurdes que de risquer de voir un honnête homme renoncer, faute d'argent, à obtenir justice.

Le système de l'assistance judiciaire qui, sur 38,000 demandes annuelles, en accueille 16,000 n'est qu'un pur arbitraire. Qu'on ne s'y trompe pas : si l'établissement de taxes qui ont pour objet d'augmenter les frais de procès a pour conséquence de diminuer les procès eux-mêmes, ces procès, étouffés par la crainte de l'impôt, ce sont autant d'injustices consacrées par la loi. Impose-t-on au billet d'avertissement du juge de paix un timbre de 0 fr. 60 c., comme fit une loi de 1871, cette légère entrave a aussitôt pour résultat d'écarter du cabinet de ce magistrat nombre de petites affaires. « Il n'en est plus terminé en conciliation, dit un rapport récent du garde des sceaux, que 64 p. 100 au lieu de 75 p. 100, proportion toujours atteinte jusque-là. »

Et lors même qu'on maintiendrait le régime actuel, qui empêcherait de substituer aux taxes invariables des taxes proportionnelles ; en admettant que les frais ne soient pas trop élevés pour les gros intérêts, chacun se rend compte qu'ils sont démesurément exagérés pour les petits, les intérêts sacrés des humbles. C'est à ces procès-là surtout que s'applique le triste adage : « Qui gagne perd ! » Souvent, ce n'est pas une instance volontairement introduite, mais tout simplement des obligations auxquelles ils ne peuvent faire face, ou un malheur de famille, qui contraignent les pauvres gens à se laisser dépouiller par la justice.

Jetez un coup d'œil sur les licitations et les ventes judiciaires d'immeubles, ici la fiscalité poursuit le cultivateur jusqu'au delà de la tombe ; laisse-t-il des enfants mineurs..., les formes établies pour les protéger entraînent inévitablement leur ruine. A peine la Belgique fut-elle séparée de la France qu'elle se hâta de remplacer les complications coûteuses du Code

Napoléon par un simple partage effectué devant le juge de paix. Chez nous la réforme demeure « à l'étude ».

Pour les ventes de biens-fonds par autorité de justice, la dernière Chambre avait voté, en faveur des immeubles au-dessous de 2,000 fr., une loi sur laquelle on fonda quelques espérances. Elle fut présentée aux populations comme un bienfait dont elles devaient savoir gré à leurs mandataires. Voici, d'après le dernier compte rendu du ministre, les avantages qu'elle a procurés : jusqu'à 1884, les frais pour les ventes de 500 fr. et au-dessous *s'élevaient à 151 p. 100* du principal; depuis 1885, ils ne s'élèvent plus *qu'à 132 p. 100*. C'est là, on doit en convenir, un précieux résultat et un soulagement considérable ; au lieu de dépouiller les propriétaires d'un immeuble de 500 fr. *d'une fois et demie* leur capital, on ne les en dépouille plus *qu'une fois et un tiers*.

C'est comme si l'on tenait à un soldat, condamné à être fusillé, le langage suivant: le général vous fait remise d'une partie de votre peine ; au lieu de recevoir douze balles dans la tête, il ne vous en sera, demain matin, envoyé que dix ; bénissez la longanimité de vos supérieurs hiérarchiques, mais en silence ; si vous troubliez le bon ordre par les excès d'une joie bruyante, vous risqueriez de voir aggraver votre cas. Un pareil état de choses n'est-il pas révoltant ? Un pays où il fonctionne, depuis si longues années, n'est-il pas un pays profondément inique et antiégalitaire, puisqu'il fait payer aux pauvres *132 p. 100* de leur bien, et aux riches seulement *2 p. 100*.

Les ventes de 501 fr. à 1,000 fr., grevées en 1884 de 57 p. 100 de frais, le sont encore de 53 p. 100 ; celles de 1,001 à 2,000 fr., précédemment grevées de 31 p. 100, le sont aujourd'hui de 28 p. 100. La soi-disant réforme est donc tout à fait illusoire, c'est une hâblerie. Et pendant que la chaumière, ou la parcelle de jardin, ou l'hectare de terre du paysan, sont ainsi engloutis, sans profit pour le créancier, dans les caisses coalisées de l'État et des gens d'affaires, les immeubles de 5,001 à 10,000 fr.

ne se trouvent chargés que de 8 p. 100 et ceux au-dessus de 10,000 fr. que de 2.11 p. 100. Il serait aisé, en surtaxant légèrement les gros, de décharger les petits.

On peut affirmer d'une façon absolue qu'en vertu de la législation qui nous régit, le propriétaire d'un bien de 2,000 fr. et au-dessous le perd, s'il est vendu judiciairement, en totalité, sans que la dette qui a motivé les poursuites soit éteinte. Aux frais de justice de 28, 53 et 132 p. 100 que je viens d'indiquer, s'ajoutent, en effet, les dépenses d'adjudication proprement dites, telles que vacations à enchérir, minutes, grosses des jugements, significations, transcriptions, expulsions; ceci donne encore 30 ou 40 p. 100, plus le droit de mutation de 7 p. 100. Puis vient, s'il reste quelque chose à distribuer, *l'ordre,* ordinaire ou amiable (le second se faisant plus vite, mais coûtant presque aussi cher que le premier). Ce dernier coup achève les créanciers; et quand le partage est fait, il n'y a, soyez-en sûrs, plus rien à partager.

« En matière de ventes mobilières de peu d'importance, dit l'auteur d'un travail très compétent à ce sujet, il ne se fait pas de statistiques, il ne pourrait même pas facilement s'en faire ; mais le mal n'est pas moins patent, il est pire. Les frais atteignent ici à des chiffres relativement plus élevés qu'en matière de saisie immobilière. » Quant aux remèdes, ils ne manquent pas : il n'y a qu'à les chercher là où ils sont, et à ne pas s'arrêter à des palliatifs insuffisants.

Certes, la procédure tout entière profitera de l'abolition de tricheries légales, par exemple du changement de forme des *grosses*, — mot trop juste en effet, — de tous les actes émanant des greffes, de la suppression de cette mesure absurde du nombre des lignes dans chaque page et des syllabes dans chaque ligne, destinée à forcer injustement les produits du timbre ; on modifiera ainsi l'aspect ridicule de nos documents juridiques, dont les mots courent les uns après les autres, tout en gardant leurs distances... Mais pour mettre fin au pillage organisé du petit bien de 6,000 familles (les ventes d'immeubles inférieurs à 2,000 fr. sont annuellement au nombre de 6,250), il faut agir plus radicalement. Il faut soustraire à l'action des créanciers ces meubles ou immeubles que l'on doit considérer, pris isolément, comme sans valeur, puisqu'on ne peut les vendre qu'en les consommant. Ce grand principe que « tous les biens du débiteur sont le gage de ses créanciers » n'a-t-il pas reçu déjà bien d'autres accrocs?

L'exception n'est-elle pas déjà fort étendue, en matière de faillites, quand le juge-commissaire fait état des meubles qui devront rester au failli? N'y a-t-il pas inconséquence légale à permettre d'un côté la saisie de biens insuffisants à couvrir les frais, et à réduire d'un autre côté au quart, au cinquième, la saisie des appointements de fonctionnaires et d'employés?

Le petit champ, le petit atelier, qui représentent le pain du travailleur, ne méritent-ils pas les mêmes égards que les pensions de retraite, le traitement des officiers, et le milliard d'arrérages insaisissables que l'État paie actuellement à ses rentiers?

Quant aux ventes de biens de mineurs, ne devrait-on pas les faire tout simplement devant un notaire? Qu'ont à faire là-dedans les avoués; quelle garantie apporte leur présence? Jusqu'à quand maintiendra-t-on la législation surannée qui régit cette matière? Dans le Nord, les tribunaux renvoient d'eux-mêmes devant les notaires 60 p. 100 de ces ventes; dans le Midi, ils n'en renvoient que 14 p. 100. D'où vient cette routine procédurière des anciens pays de droit romain? Sans doute on cherche ainsi à augmenter le nombre des affaires du tribunal, à favoriser les greffiers et les huissiers audienciers.

Pour faire cesser ces ventes ruineuses, décourageantes, des biens de mineurs, il y aurait aussi une autre réforme à opérer dans notre Code, l'établissement d'une des libertés les plus démocratiques : de la liberté de tester. Ce n'est pas incidemment, dans le cadre restreint de cette étude, que peut être abordée la discussion d'une question qui a passionné tant d'illustres esprits.

Il est curieux cependant de remarquer, au moment où l'on vient de célébrer le centenaire de 1789, que notre législation sur ce sujet reste tyrannique, comme celle de la monarchie. Elle a remplacé une obligation par une autre ; pas plus aujourd'hui qu'il y a cent ans, le père de famille n'est libre de disposer de son bien. Il était lié, il l'est encore ; au droit de l'aîné des enfants, — ou quelquefois du plus jeune, du *juveigneur*, car l'un et l'autre se voyaient, — à l'obligation de suivre la coutume, a succédé l'obligation du partage égal, égal non seulement quant à la quotité, *mais aussi quant à la nature*. Jadis proscrite de nos lois comme aristocratique, la liberté de tester serait pourtant plus utile au cultivateur qu'au châtelain, les petits en useraient sans doute plus que les grands. Le partage égal est en effet tellement entré dans les mœurs que les classes aisées n'usent pour ainsi dire plus aujourd'hui de la quotité disponible. La liberté de tester n'aurait donc pas pour conséquence l'immobilité des grandes fortunes, mais elle garantirait souvent le maintien des petites épargnes que la loi actuelle réduit en poussière.

VI.

Le Gouvernement qui contemple ainsi, d'un œil tranquille, puisqu'il ne songe pas à les adoucir, les misères des plaideurs et des contribuables, s'est ému de l'augmentation croissante des frais qui lui incombent à lui-même : ceux de la justice criminelle. Dans les douze dernières années, ce chapitre du budget s'est élevé de 50 p. 100 (7 millions au lieu de 4,700,000).

L'enquête, déclare le garde des sceaux, « a prouvé que les magistrats avaient une tendance générale et fâcheuse à n'être pas suffisamment ménagers des deniers publics... » ; ils usent trop largement de l'expertise, tandis qu'il « serait de leur devoir d'examiner eux-mêmes les opérations qui n'exigent pas de connaissances spéciales » ; ils « laissent indéfiniment en fourrière des animaux ou des objets périssables, accumulant ainsi les frais au détriment

de l'État, responsable envers le logeur ». Le ministre menace ces prodigues de les faire payer de leur poche les dépenses inutiles ; menace de circulaire qui ne fait pas plus trembler les agents auxquels elle s'adresse, que la grosse voix du père de famille n'effraie des enfants gâtés. « Les huissiers qui ont à citer plusieurs témoins, dit le même document, et qui les citent en un seul voyage, se font payer comme s'ils avaient fait autant de voyages qu'il y a de citations. »

Les primes d'*extraction* et de capture accordées par la loi à des officiers ministériels donnent lieu aux mêmes escobarderies : il arrive assez fréquemment que des individus ont à subir, au moment de leur arrestation, plusieurs condamnations à des peines d'emprisonnement prononcées contre eux ; or les huissiers, qui n'ont droit qu'à une prime, s'en font payer autant qu'il y a de condamnations à exécuter, les *extractions* du même individu eussent-elles toutes lieu le même jour et en même temps !

« Certaines innovations, remarquait le prédécesseur de M. Fallières, seraient de nature à réduire, dans des proportions notables, le chiffre des dépenses quotidiennement exposées »; on pourrait faire davantage marcher les inculpés, de brigade en brigade, au lieu de les transporter en voiture ou en chemin de fer; on pourrait diminuer le nombre des gardiens, souvent aussi grand que celui des individus dont la conduite leur est confiée ; on devrait, ainsi que la loi l'ordonne, faire suivre les prévenus, transférés d'une prison à l'autre, des objets saisis à leur domicile, au lieu de les faire porter plus tard à destination par des commissionnaires, ainsi que l'on procède en certains parquets de villes importantes, au grand préjudice du Trésor.

Qui empêcherait d'ailleurs, pour diminuer les promenades des condamnés appelants et les frais qu'elles entraînent, de rendre à peu près ambulatoire la chambre des appels de police correctionnelle? Quelques-unes des modifications projetées ne pouvant être faites qu'en vertu d'une loi, le ministre « se réservait d'en saisir le parlement ». Inutile de dire que le ministre qui prenait, il y a trois ans, si louable résolution, est depuis longtemps rentré dans la vie privée, et qu'il a eu déjà trois successeurs, comme lui renversés.

« De nombreuses formalités, imposées par nos lois d'instruction criminelle, disait, il y a quelques années, un avocat général, M. Gonod d'Artemare, sont surannées et pourraient être avantageusement supprimées ou remplacées ». Quel est donc l'accusé contumace découvert et arrêté, grâce à la publication à son de trompe, prescrite par le Code, et que le tarif fixe à 15 fr.? Cet usage gothique a disparu dans la pratique; mais la rémunération n'a pas disparu.

A quoi sert le placard, apposé sur les murs de nos villes, publiant les ordonnances du garde des sceaux qui fixent la date de l'ouverture des assises et en nomment le président et les assesseurs? C'est là une indication que la presse locale porte partout à la connaissance du public, donnant même les noms des jurés. Et cependant, à raison de 60 fr. par trimestre, cette impression coûte 20,000 fr. par an, pour toute la France, au budget de la justice.

Deux sources de débours considérables et d'un recouvrement toujours illusoire : 1° répression des contraventions de filles publiques, poursuites, citations, jugements, tous frais qui, pas plus que les amendes, ne rentrent jamais dans la caisse ; pourquoi ne pas procéder ici par simple voie administrative ? 2° répression de l'ivresse publique : cette loi, d'une inspiration extrêmement morale, n'a rien produit... que de grosses dépenses, parce que le contrevenant, ivrogne nomade en général, encourt des condamnations par défaut, inexécutées, dont les débours restent à la charge de l'État! Il suffirait de faire coucher ces délictueux au poste en vertu de l'article 11 de la loi, et d'en rester là. En matière de simple police, le nombre des poursuites atteint chaque année un chiffre fabuleux : 384,000 affaires, représentant 467,000 inculpés ; combien les frais seraient diminués si l'on procédait, d'une manière générale, par avertissement, au lieu de lancer une citation ! Quelle nécessité y a-t-il de *signifier* tous les jugements contradictoires, rendus par cette même juridiction de simple police, lorsqu'en matière correctionnelle, où les peines sont bien plus élevées, la seule expiration du délai rend le jugement définitif? L'assimilation n'est-elle pas toute naturelle ? D'autant plus que l'immense majorité de ces sentences est acceptée sans réclamation par les délinquants qui en attaquent à peine *sept sur mille*.

Quant aux 20,000 jugements par défaut, dont la signification coûte chaque année à l'État une somme d'au moins 200,000 fr., on pourrait en économiser la moitié en invitant les condamnés à déclarer, par un avis retourné rempli et signé, s'ils acceptent ou non la sentence. Autre économie à réaliser : la substitution aux huissiers du service des postes, pour la transmission sous pli recommandé des mandats de comparution, des citations à prévenus et à témoins. Le prix de la lettre recommandée est de 0 fr. 40 c., tandis que les honoraires dus à l'huissier varient de 1 fr. à 1 fr. 75 c. Ce système fonctionne déjà pour certaines pièces et n'a donné lieu en pratique à aucune difficulté.

Enfin, s'il est vrai que la taxe de séjour allouée aux témoins soit notoirement trop faible, l'indemnité de déplacement est incontestablement trop élevée. Un témoin reçoit 1 fr. 50 c. par myriamètre parcouru ; avec les billets d'aller et retour, il parcourt le myriamètre pour 0 fr. 90 c. en première classe, 0 fr. 70 c. en seconde et 0 fr. 50 c. en troisième. D'où il suit qu'un témoin appelé de Marseille à Paris réalise 100 fr. de bénéfice en seconde et 142 fr. en troisième classe.

Pour la constatation de faits matériels, les procès-verbaux de gendarmes et officiers de police judiciaire ne devraient-ils pas, sans exception, faire foi en justice? Un procès-verbal de gendarme est admis, jusqu'à preuve contraire, à l'égard d'un braconnier, et peut entraîner contre ce dernier une condamnation à quatre mois de prison, tandis que le procès-verbal dressé par le même agent, à l'égard d'un mendiant surpris en flagrant délit de mendicité, ne sera invoqué qu'à titre de renseignement.

Toutes ces réductions de dépenses profiteraient à l'État pour les trois quarts, puisqu'un quart seulement des condamnés est en général solvable, et pour ce dernier quart on éviterait de leur infliger, sous forme de dépens, un supplément de peine que la loi n'a pas prévu. Nous sommes déjà, à cet égard, en progrès notable sur l'ancien régime : aujourd'hui chaque affaire criminelle, jugée contradictoirement par une cour d'assises, coûte en moyenne 300 francs ; il y a deux siècles une condamnation à mort, aussi économique que possible, faisait débourser à la partie civile, lorsque l'intéressé n'avait pas de quoi se faire exécuter à ses frais, des notes qui ne s'élevaient pas à moins de 300 ou de 400 livres, lesquelles, au pouvoir actuel de l'argent, correspondent environ à 2,000 fr. Tout en diminuant ses dépenses, l'État pourrait augmenter ses recettes judiciaires : le renchérissement du prix de la vie, depuis les premières années de ce siècle où nos codes furent promulgués, a rendu insignifiantes des amendes qui, dans le principe, ont paru assez fortes ; il est des cas où les pénalités, même récemment édictées, sont trop modestes.

Ainsi, en matière de diffamation et d'injures par la voie de la presse, les condamnations pécuniaires laissent à peu près intacte la bourse de ceux qui commettent ces délits. Cependant une presse tout à fait libre ne doit pas aller sans une répression tout à fait dure, comme en Angleterre ou en Amérique, sous peine de voir s'établir entre ces deux catégories de citoyens : les journalistes et les non journalistes, une inégalité fâcheuse.

VII

Celui qui jettera un coup d'œil sur le budget du ministère de la justice sera naturellement frappé de la disproportion de deux chapitres qui se suivent : les tribunaux de première instance figurent pour 11,300,000 fr., les tribunaux de commerce pour 180,000 fr. seulement. Or les tribunaux de commerce jugent 237,000 affaires par an, et les tribunaux civils n'en jugent que 138,000. Il y a ainsi deux sortes de juridictions en France : l'une qui ne coûte proprement rien à la nation, l'autre qui lui revient assez cher.

Cette dualité est déjà passablement singulière, mais ceci ne l'est pas moins : par l'organisation de la procédure, dans ces tribunaux de marchands qui n'imposent au Trésor aucun sacrifice, la justice est rendue presque gratuitement aux parties, et de plus elle leur est rendue très vite, tandis que, dans les tribunaux dits ordinaires, auxquels la caisse publique sert une rente de 11 millions et demi, les particuliers n'obtiennent de sentences que lentement et à prix d'or. Les usages qui nous régissent sont tellement bizarres que les formalités obligatoires dans l'une de ces juridictions, — le ministère des avoués par exemple, — sont sévèrement interdites dans l'autre.

Et cependant ces deux juridictions se valent; elles jugent aussi bien l'une que l'autre. C'est l'opinion des plaideurs, c'est aussi l'opinion des cours supérieures ; en voici la preuve : « Les jugements en premier ressort, dit le compte rendu officiel, sont frappés d'appel dix fois sur cent, *en matière civile comme en matière commerciale;* la proportion des confirmations est également *la même dans les deux cas* (68 p. 100) ». Quel plus grand éloge peut-on faire de nos tribunaux de commerce ! Il est un détail plus frappant encore : « En ce qui concerne les affaires commerciales, la proportion des confirmations est un peu plus faible à l'égard des décisions rendues par les tribunaux civils, jugeant commercialement (63 p. 100), que pour celles qui émanent des tribunaux consulaires (69 p. 100). »

Ainsi l'on n'a rien à alléguer contre ces tribunaux consulaires ; non seulement ils jugent aussi bien, mais ils jugent mieux que les autres. Il existe pourtant, chacun le sait, un ardent esprit de jalousie envers les juges commerciaux, chez tous ceux qui, de près ou de loin, magistrats, avocats, avoués, touchent à la justice civile ; volontiers ils les représenteraient comme des courtiers marrons qui usurpent, qui tout au plus jouissent par tolérance de ce qui régulièrement leur appartient. On ne saurait s'étonner de cette tendance, mais que penser d'un pays qui se dit ami du progrès et qui conserve parallèlement deux justices : l'une rapide et bon marché pour les commerçants et les actes de commerce, l'autre lente et onéreuse pour les autres actes et les autres hommes ?

Que nous ayons réduit, depuis soixante-dix ans, notre personnel judiciaire, nul ne peut le nier; même il est naturel de se demander, en parcourant les almanachs du premier Empire, quelle pouvait bien être la besogne de tribunaux qui avaient huit, neuf, dix et douze juges, pour des ressorts qui se contentent aujourd'hui de trois ou de six, tandis que la population a doublé. Tout récemment, la loi de 1883 supprimait 614 sièges de magistrats, et cette suppression n'a causé, — on l'a constaté depuis, — aucun ralentissement ni dans l'expédition des affaires ni dans la part que les membres du parquet prennent à l'instruction. N'y aurait-il pas encore d'autres réformes utiles?

On évalue de 400 à 500 le nombre des jugements civils contradictoires qu'un tribunal peut rendre par année en tenant quatre audiences par semaine et en siégeant quatre heures par audience. C'est effectivement la moyenne des grandes villes; à Lyon cette moyenne est de 700, et à Paris de 1,300 par chambre. Mais, sur la totalité du territoire français, il n'y a que 75 tribunaux réellement occupés, dans lesquels plus de 300 affaires sont expédiées par trois ou quatre magistrats. Vingt-quatre tribunaux avouent ne tenir que deux audiences par semaine ; en réalité près de 150, qui figurent pour trois audiences, tiennent l'une d'elles pour la forme.

Pourquoi, dans ces conditions, n'exécuterait-on pas le projet de M. Picot, qui consistait à ne laisser en résidence fixe à ces petits tribunaux qu'un juge d'instruction et un substitut? Un autre juge viendrait du chef-lieu de département, comme dans les *county-court* d'outre-Manche, présider chaque semaine les audiences, et serait assisté du juge d'instruction et d'un suppléant. Le juge d'instruction aurait droit de rendre les ordonnances sur requête et sur référé ; qui ne sait que, dès à présent, le président qui s'absente lui délègue sans inconvénient ce pouvoir ? L'État obtiendrait de ce chef une très notable diminution dans un budget qui a passé de 19 millions (chiffre de 1829) à 38 millions (chiffre de 1889).

Il en pourrait réaliser plusieurs autres dans

les services de la chancellerie, infiniment trop concentrée et paperassière. De 1876 à 1890, le chapitre du « matériel et dépenses diverses de l'administration centrale » a passé de 88,000 francs à 130,000, c'est-à-dire qu'il a augmenté de près de moitié. Quant au personnel, nous sommes loin des quelques audienciers, contrôleurs, chauffe-cire et garde-minutes du chancelier de Louis XVI.

De la fin du Directoire date la mise sur pied d'un personnel nombreux, la création de cette chose toute moderne, que l'on appelle le « ministère de la justice ». Le service de « l'envoi des lois », inauguré à cette époque, comprenait déjà deux directeurs et trois chefs de bureau, dont l'existence se justifie aux yeux de la postérité, par ce motif que jamais on n'a fait plus de lois, que jamais par conséquent on n'en a défait davantage, et que jamais on n'en a moins exécuté qu'en ce temps-là.

Avec Napoléon, ce ne furent plus seulement les magistrats qui se trouvèrent soumis à la férule du grand-juge, comme les officiers l'étaient au ministre de la guerre et les professeurs au grand-maître de l'université, ce furent les auxiliaires de la basoche à tous les degrés. Le grand-juge put, de son autorité privée, censurer un avocat, l'interdire, l'exclure et le rayer du tableau. Depuis cette époque les droits du garde des sceaux ont été réduits, bien que ses dépenses n'aient fait que s'accroître.

La question d'argent toutefois n'est pas ici la principale ; la réforme à accomplir sera plus haute et plus vaste : elle ne consistera pas seulement à dépenser quelques millions de moins à l'hôtel de la place Vendôme, mais aussi à rendre la procédure plus simple, plus rapide et moins chère, à établir l'unité de juridiction, à laisser surtout une vie indépendante à ce troisième pouvoir de l'État, — le corps judiciaire, — qui devrait marcher de pair avec les deux autres, et que jusqu'à présent l'autorité exécutive tient emprisonné, depuis les premiers présidents jusqu'aux juges de paix, dans les cartons de son « personnel ».

CHAPITRE III

LES CULTES
ET LES RAPPORTS DE L'ÉGLISE ET DE L'ÉTAT

I

Par le concordat de 1801, l'Église et l'État sont mariés; par la force des choses, ils font mauvais ménage. Par le concordat, l'État prenait l'engagement d'aimer l'Église, l'Église prenait l'engagement d'aimer l'État. Aujourd'hui, l'État n'aime plus l'Église, l'Église n'aime plus l'État. Leur union est désormais trop orageuse pour n'être pas stérile. Le temps n'est-il pas venu de leur préparer, pour l'avenir, un divorce amiable?

Mon but n'est pas, dans cette série d'études, de pénétrer successivement l'intimité de chacun des détails de notre organisme gouvernemental. Je prétends examiner seulement quelques types de rouages où les modifications que l'on peut concevoir en vue d'en simplifier le mécanisme serviraient de modèles à d'autres du même genre. Après l'intérieur et la justice, le ministère des cultes est, à mes yeux, une troisième branche de l'administration publique, susceptible d'une réforme aussi utile que les deux premières, tout aussi urgente et non moins facile, à la condition d'y apporter un esprit dégagé de rancunes et de préjugés, le seul qui convienne à des pensées de cet ordre. Les passions contemporaines sont, en effet, si ardentes et par conséquent si aveugles, que le sujet ne vaut la peine d'être traité qu'à la condition de s'éloigner de la France de 1891 de deux cents ans ou de cinq cents lieues.

Ministère, ou plutôt fragment de ministère, le plus petit et, pourtant, le plus discuté de tous, cette demi-douzaine de bureaux qui composent la direction des cultes sont l'expression des rapports de l'Église et de l'État. Et les rapports de l'Église et de l'État, c'est un des plus graves problèmes actuellement soumis, en notre pays, à la méditation des penseurs ; seulement, ce qui fait méditer les penseurs fait aussi songer les insensés. C'est pour cela que les sages hésitent; d'autant plus qu'en séparant les conjoints, la justice exige que l'on rende à l'épouse son apport dotal, le « budget des cultes ».

La question d'argent n'est pas seule à compliquer cette liquidation imminente d'une communauté qui a duré de longs siècles, qui eut ses périodes difficiles, ses querelles, communauté où chacun des deux contractants chercha constamment à asservir l'autre et où ils y parvinrent chacun à leur tour,—l'Église d'abord, durant tout le moyen âge ; l'État ensuite, depuis la fin du XVIe siècle, — mais où l'amour réciproque qu'ils avaient l'un pour l'autre pansait aisément les blessures, faisait pardonner les violences et oublier les gros mots.

Lorsque, après dix ans de guerres et de sang répandu, de proscriptions et d'anathèmes, Bonaparte et Pie VII signèrent, l'un pour l'État, l'autre pour l'Église, le nouveau contrat qui devait renouer, en les modifiant, les bons rapports d'autrefois, l'amour était mort; ce n'était plus qu'un mariage de raison, une union intéressée, une affaire, dont le cœur était absent. De fait, cette affaire était bonne et avantageuse aux deux parties; c'est même pour cela qu'elle fut conclue, quoique à travers mille tiraillements. Ce concordat, paraphé à l'aurore des temps nouveaux, fut comme les traités de commerce de 1860, auxquels on veut aujourd'hui malemort et qui, en leur temps, ont largement contribué à notre prospérité matérielle. Le traité religieux de 1801 passa aux « profits et pertes », pour le plus grand bien moral de la société d'alors, beaucoup de créances irrecouvrables et beaucoup de griefs encore saignants.

Mais il ne fit pas revivre le passé. On n'avait inséré dans le texte que le règlement succinct des litiges de la veille, et des engagements vagues pour la vie commune qui allait reprendre le lendemain. Toutefois, la plupart des négociateurs entendaient appliquer à ce *remariage* des deux pouvoirs, spirituel et temporel, les obligations légales des unions privées : l'Église et l'État se devant mutuellement fidélité, secours, assistance ; l'État, disaient les clercs, devant protection à l'Église ; l'Église, disaient les laïques, devant obéissance à l'État. C'est dans cet esprit que furent rédigés les articles organiques, sur lesquels on a tant glosé, qui se bornaient à reproduire, en somme, la charte de servitude que le trône avait fait peser sur l'autel durant la monarchie absolue, sans la compensation de l'intolérance officielle de l'État en matière religieuse, que l'Église payait cher, mais qui rachetait à ses yeux bien des choses.

Nous autres, hommes de la fin du xixe siècle, qui n'avons connu ni l'ancien régime, ni la révolution, nous avons quelque peine à nous figurer le concept bizarre, que des personnages qui avaient vécu sous Louis XV et qui venaient de traverser la Terreur, pouvaient se faire des rapports qu'une convention nouvelle allait inaugurer, entre le spirituel et le temporel, l'état d'âme créé par le mélange d'anciennes habitudes juridiques, de souvenirs à demi effacés et de préventions récentes, chez ces jacobins et ces prêtres réfractaires qui discutaient le pacte et se préparaient à le pratiquer.

Il est très certain que ni les uns ni les autres ne mesurèrent, tout d'abord, l'immensité du fossé que les principes de 1789 avaient creusé, à cet égard comme à tous les autres, entre la France dont on clouait le cercueil et celle dont on fabriquait le berceau. C'est un phénomène assez fréquent dans l'histoire de la marche des idées, des idées politiques surtout, que celui d'hommes qui formulent un axiome sous l'influence de la raison et qui s'en écartent sous l'influence de la tradition.

Témoins des abus et du désordre que l'inextricable enchevêtrement du civil et du clérical causait dans la gestion des affaires publiques, soucieux de prévenir à tout jamais le retour de luttes religieuses dont la mémoire était demeurée fraîche, les débutants de la révolution avaient commencé par proclamer la liberté de conscience la plus large, la séparation la plus complète des deux domaines ecclésiastique et laïque, et, violant presque aussitôt la règle qu'ils venaient de tracer, ils avaient légiféré à outrance sur la matière. Pour comble d'inconséquence, leur législation ne fut qu'une persécution vis-à-vis du catholicisme, persécution semblable à celle que le catholicisme avait infligée, un siècle avant, dans le même pays, au protestantisme, mais plus cruelle encore : en 1685, on exilait, on dépouillait, on envoyait au bagne les pasteurs réfractaires; en 1793, on y ajoutait la guillotine pour les prêtres récalcitrants.

Pourtant le bas clergé, en se joignant au Tiers dans la salle du Jeu de Paume, avait contribué au succès de la cause révolutionnaire. En province, il s'était montré très favorable aux idées nouvelles. Un brave curé de campagne du Berry peint, avec un laconisme naïf, cet enthousiasme et la déception qui le suivit dans les notes d'un journal privé, échoué plus tard aux Archives publiques du Cher. On y lit, en 1790 : « J'ai promis 72 livres pour le *don patriotique*, payable en trois ans. » En 1791 : « J'ai payé 24 livres pour le deuxième tiers de mon don patriotique. » En 1792 : « J'ai été remplacé, n'ayant pas prêté le serment que demandait la constitution civile du clergé, ni ne l'ayant voulu faire ; on m'a donné pour ma pension 500 livres par an. » A la date du 1ᵉʳ octobre de la même année, le journal continuait ainsi : « Je suis à Bourges, à la maison Saint-François, où tous les prêtres qui n'avaient point prêté le serment qu'on demandait ont été renfermés, par ordre de l'assemblée de la nation, que l'on nomme MM. les citoyens de la Convention de Paris. Nous sommes environ cinquante... »

Quand la paix se fit, on ne parut plus se souvenir de ce dogme de l'ère nouvelle : l'indépendance réciproque de l'État et de l'Église. On ne se borna pas à rendre au clergé les bâtiments qu'on lui avait pris, à lui assurer une pension alimentaire en dédommagement des biens qu'on lui avait confisqués ; les rapports anciens furent renoués sous la forme diplomatique ancienne, si invétérée qu'on n'en imaginait pas d'autre, qu'on ne se figurait pas de moyen terme entre la haine brutale ou la convention scellée de cire rouge.

Le premier consul stipulait des prières obligatoires, des serments, — lui qui devait savoir déjà ce que vaut un serment civique, — il chaussait les pantoufles de Louis XVI, déclarait « faire une profession particulière du culte catholique », et, en récompense de sa dévotion, se réservait la nomination des évêques et à peu près celle des curés, sans parler de la désignation des six cardinaux français, — vieille « promotion des couronnes », — dont il devait jouir en vertu « des droits et prérogatives de l'ancien gouvernement », qui lui étaient expressément reconnus.

La trace de la Révolution était-elle donc effacée? Non pas, car ce document de chancellerie portait lui-même sa rude empreinte : deux points, deux articles de ce concordat auraient fait bondir Pithou et Dupuy, ces athlétiques champions de l'Église gallicane, deux articles si importants qu'ils rendaient à eux seuls l'ensemble de la transaction nécessaire, — au point de vue de l'État, — mais si hétéroclites, — au point de vue de l'Église, — qu'ils bouleverseraient toutes les idées admises et tous les précédents ecclésiastiques : le premier, c'est la reconnaissance par le pape de la confiscation des biens du clergé, la quasi-investiture donnée par lui aux nouveaux acquéreurs ; le second, c'est la déposition, en termes aussi mitigés et aussi obligeants que possible, mais enfin la déposition pure et simple de tous les anciens évêques.

Cette mesure avait coûté beaucoup au souverain pontife ; elle lui avait paru si audacieuse, si contraire à toute la discipline, à toutes les lois de l'Église qu'il s'était opiniâtrément défendu de la prendre. On en voit la preuve dans la correspondance de ses agents avec les nôtres, aux archives des affaires étrangères et dans la rédaction même, pleine d'embarras, de cet article extraordinaire. Les ultramontains les plus exagérés de la cour romaine

sentaient que le successeur de Pierre, en déplaçant d'un seul coup une centaine de ses
« vénérables frères » dans un intérêt religieux,
comme un ministre dans un intérêt électoral
déplacerait des préfets compromis, faisait une
chose qui ne s'était jamais faite depuis l'origine du christianisme.

Par une de ces contradictions logiques qui
sont un jeu de la destinée, le premier pouvoir
solide issu de la Révolution reconnaissait d'un
seul coup au saint-siège des droits sur l'ensemble des biens et des personnes cléricales que
jamais aucun des Valois ni des Bourbons n'aurait admis, même s'il ne se fût agi que d'un
arpent de marais ou d'un vicaire de plein
champ. L'élan était donné par l'autorité séculière, sans le savoir et surtout sans le vouloir,
à ce mouvement qui ira grandissant et qui emportera chaque jour davantage, à tort ou à
raison, l'Église française dans l'orbite de la
chaire romaine.

Ce mouvement invincible, prélude de la séparation de l'Église et de l'État, contenue en germe dans les doctrines du monde nouveau, mais non entrée alors dans nos mœurs, ni les plénipotentiaires du consulat, ni les administrateurs impériaux qui présidèrent à l'organisation moderne, n'en sentirent tout d'abord la force et n'en apprécièrent les causes profondes.

Ils se rappelaient que, dans leur jeunesse ou leur âge mûr, l'État jouissait, avec plus ou moins de fondement, de droits précieux sur l'Église, que les attributions très confuses des ministres de la terre et de ceux du ciel donnaient à un gouvernement despotique qui savait tirer parti de son rôle de *curé du dehors,* — de *bras séculier,* comme on disait, — d'assez beaux avantages, que les parlements, en jouant merveilleusement de « l'appel comme d'abus », avaient fini par tenir des conciles et par s'ingérer judiciairement dans la chaire et dans le confessionnal. Depuis le xvii° siècle, les évêques se plaignaient fort des représentants du pouvoir civil, qui, du conseil privé au plus humble des tribunaux de bourgade, entraient cavalièrement en partage d'attributions avec eux.

Le Parlement de Paris prétendait interdire à son gré les assemblées du clergé « pour faire reconnaître à MM. les ecclésiastiques la sujétion qu'ils doivent à la justice royale ». Méprise-t-on ses arrêts en semblables circonstances? Cette cour décrète « ajournement personnel *contre les nommés* » tels et tels, archevêques et évêques ; elle prononce de plus la saisie de leur temporel, comme un simple ministre des cultes contemporain, et la chose alors ne soulève aucune objection de principe de la part des intéressés. Louis XIV, Louis XV et leurs magistrats ne se privent pas de prendre ainsi par la famine des prélats et des abbés qui leur résistent, ce qui est d'autant plus dur que les revenus de l'Église lui appartiennent en propre et ne sortent pas, comme aujourd'hui, des caisses de l'État.

Les compagnies judiciaires d'il y a cent ans qui enregistrent les brefs et bulles des papes, et, au besoin, les corrigent et les mutilent, qui ne permettent pas à un évêque d'exécuter un jubilé si elles ne l'approuvent dans leur ressort, qui protestent « au nom des libertés de l'Église gallicane » lorsqu'on envoie faire juger un livre à Rome, en disant que « cela est sans exemple », prennent connaissance de l'administration des sacrements comme du revenu des fabriques, jugent et annulent les vœux de religion, s'occupent de la forme, de l'heure et de l'ordre du service divin, des honoraires des prêtres pour la célébration des messes et de la transgression des fêtes chômées : « L'Église, déclarent au roi les prélats, restera bientôt sans autorité ni juridiction si Votre Majesté n'y apporte remède. »

C'est un arrêt du Parlement qui autorise l'archevêque de Paris à destituer le prieur de Saint-Victor, qui confirme les règlements des abbés pour la visite de leurs monastères, homologue les statuts des chapitres et règle au besoin la pitance de « ceux qui prennent part aux fruits ». La cour de Grenoble valide l'élection du général de l'ordre de Saint-Antoine; la cour de Toulouse autorise le général des franciscains « à remédier aux divisions » qui règnent dans tel couvent. La même cour ordonne à un archevêque de donner l'absolution à un gentilhomme, excommunié par le concile provincial pour refus de renvoyer une concubine. Le Parlement de Paris prescrit au grand-vicaire de Lyon d'absoudre un prêtre du diocèse d'Angers, suspendu par son évêque, et le grand-vicaire, sur le vu de cet arrêt, l'absout. Il va sans dire qu'on se dispute une cure devant les tribunaux comme aujourd'hui un bien laïque quelconque.

Tout est ou doit être de la compétence de MM. les conseillers ; tout, jusqu'au logement des religieux en voyage, qui sont tenus de descendre en tels endroits et non ailleurs, jusqu'à la forme des sermons, à leur style, à leur publicité. On ne s'étonne pas de voir le Parlement interdire la chaire pour six mois à un père capucin qui a méconnu son autorité. Le prédicateur est, d'ailleurs, sous la coupe perpétuelle du pouvoir policier : non seulement toute allusion malveillante lui est défendue, mais l'éloge du Gouvernement est souvent pour lui obligatoire.

Tel évêque consultait le ministre en faveur avant d'engager un jésuite pour le carême de sa cathédrale et « tenait à savoir si ce choix ne lui déplairait pas, car s'il savait que ce religieux n'aurait pas son agrément, il ne le demanderait pas aux supérieurs ». Une ville refuse-t-elle de recevoir le prédicateur envoyé par l'évêque, on plaide devant le Parlement le plus proche, et le Parlement se prononce entre le prélat et ses ouailles. L'official de Rouen interdit aux curés de porter l'étole lorsque le grand-archidiacre fera sa visite, les curés en appellent au Parlement de Rouen, qui casse la sentence de l'official et rend aux curés le droit de se revêtir de cet ornement, l'archidiacre à son tour en appelle du Parlement au Conseil d'État... et ainsi de suite.

De pareils débats n'étaient pas rares. Les tribunaux inférieurs intervenaient de même et souvent sur la demande de l'autorité ecclésiastique ; une sentence, rendue à la requête de la fabrique, condamne un particulier « à rendre le pain bénit » ; le juge du bailliage de Maintenon (Eure-et-Loir) condamne un bourgeois « à aller à la messe à l'église Saint-Pierre, sa paroisse, et non à l'église Saint-Nicolas ». Et comme un service en vaut un autre, les magistrats ont recours aux ministres de l'autel pour obtenir des révélations sur les crimes et délits dont ils recherchent les auteurs au moyen des *monitoires* qu'on publie au prône.

Ces monitoires sont si commodes qu'on en abuse et que le clergé réclame ; d'autant que ce ne sont pas les seuls documents profanes qu'il lui faille intercaler dans la grand'messe : les officiers de finances font donner lecture par le curé du rôle des tailles ; les syndics, notaires et procureurs lui apportent mille annonces laïques : ventes, marchés, enchères et contrats. Si le temporel s'ingérait de cette façon dans le spirituel, ce dernier, en revanche, ne se faisait pas faute de le lui rendre, et comme les deux pouvoirs étaient très pointilleux sur la limite de leurs droits et que ces droits étaient très obscurs, on pense si les « appels comme d'abus » allaient leur train de part et d'autre.

Autorisés, disait le clergé, pour réprimer les empiétements réciproques de l'Église et de l'État, les appels comme d'abus ne cessaient d'augmenter en nombre. On les admit en cas de contraventions aux ordonnances royales, puis en cas de contraventions aux arrêts même des Parlements. Le Gouvernement avait trop d'intérêt à laisser la question indécise pour la résoudre jamais de son plein gré. Ces appels étaient une de ces procédures à toutes fins que les souverains employaient ou désavouaient selon les besoins de leur politique jusqu'au jour de la Révolution.

Mais ce jour-là tomba en poussière toute cette jurisprudence que les légistes, « pour opposer un frein à la cour de Rome », avaient inaugurée, sur les instances du haut clergé, « pressuré, dit Mgr Affre, par les papes douteux d'Avignon, et désireux d'échapper aux subsides intolérables que lui imposait Benoît XIII ».

En même temps que cette jurisprudence, tout s'effondrait de cette dualité mystique de l'autel et du trône, d'un roi « très chrétien », consacré par une ampoule sainte, régnant sur une France « fille aînée de l'Église ». Le temps était fini où la loi civile commandait de ne professer qu'une seule religion, ne permettait que ce qu'elle permettait, défendait tout ce qu'elle défendait elle-même; désormais le « crime » ne se confondra plus avec le « péché », ni le sacrement du baptême avec l'acte de naissance; la société laïque fera bande à part, elle voudra une « commune » distincte de la « paroisse », un conseil municipal distinct de la fabrique; elle tiendra des registres séparés et tracera sur une page blanche une législation uniforme... ou à peu près pour tous les citoyens. Par suite, elle fera rentrer le clergé, jusqu'ici « premier ordre de l'État », dans la masse de la nation et réduira le catholicisme, hier institution officielle soumise à mille obligations, gratifiée de cent privilèges, au rôle d'une opinion digne de tous les respects, mais incapable de les obtenir autrement que par la persuasion.

Telle était la théorie ; on sait pendant combien peu de mois elle fut appliquée entre 1790 et 1791, et comment, de l'indifférence, la puissance sociale passa vite à l'hostilité, puis à la proscription. Étant donné qu'on se lasse de tout, même de tuer et d'être tué, il survint un état comateux pendant lequel le gendarme et le prêtre, ne sachant trop de quel œil ils devaient se regarder, semblèrent éviter de se voir.

Le Concordat, et ce commentaire organique que le Gouvernement français en écrivit pour son usage personnel, reflètent bien la disposition d'esprit incohérente dont j'ai parlé tout à l'heure, causée, dans le cerveau des hommes de 1801, par cet amalgame des triples formes de l'État honnêtement laïque, rêvé par l'Assemblée constituante, de l'État protecteur et régulateur d'avant 1789, et de l'État persécuteur de 1793.

Ainsi le même décret ordonnait au clergé de

se servir, dans tous ses actes, du calendrier républicain de 1792 et d'enseigner dans les séminaires la déclaration de 1682 ; il *prescrivait* aux archevêques « *de veiller au maintien de la foi* et de la discipline, dans les diocèses qui dépendaient de leur métropole », mais il leur défendait la tenue de synodes métropolitains ; il obligeait tous les prêtres sans exception à « s'habiller à la française et en noir », mais autorisait pourtant les évêques à joindre à ce costume une croix pastorale et des bas violets. Libre à ces derniers « d'ajouter à leur nom celui de *citoyen* ou de *monsieur :* toute autre qualification demeurant interdite ».

Or c'est précisément depuis la Révolution que l'on a remplacé, pour les évêques et archevêques, soit en leur parlant, soit en parlant d'eux, l'appellation de « monsieur », seule en usage jusqu'alors dans la société et dans le protocole administratif, par celle de « monseigneur ». Ce titre dont tant de gens jouissaient il y a un siècle : les ministres, les maréchaux, les gouverneurs, les intendants, etc., est demeuré aujourd'hui, par la volonté des fidèles, l'apanage des seuls prélats, qui précédemment ne le possédaient pas. Et il est si bien entré dans la coutume que le comte de Chambord écrivant, il y a quelque douze ans, à une des personnalités les plus illustres de l'épiscopat et le traitant de « monsieur l'évêque », ainsi que ses ancêtres avaient toujours fait, provoqua une sorte de scandale dans son propre parti ; que, plus tard, en 1882, quand le Gouvernement actuel remplaça, dans la correspondance officielle, par le même « monsieur l'évêque », le mot « monseigneur » employé depuis soixante ans, il parut aux yeux des catholiques commettre une grosse inconvenance, et que le ministre même, — M. Paul Bert, je crois, — avait peut-être quelque intention méchante en reprenant une formule qui cependant avait été celle des secrétaires d'État de Napoléon Ier.

Ce gain de détail dans l'étiquette mondaine, qui date justement de l'époque où le pouvoir civil prenait soin de le prohiber par son premier règlement religieux, symbolise à la fois, et le peu d'autorité de l'État, quand il s'est immiscé de nos jours dans ce domaine privé des mœurs et des consciences, et le grandissement moderne de ce principat diocésain, si fort aujourd'hui et si indépendant, si peu semblable à ce qu'il était à la veille de l'ouverture des États généraux.

En effet, ce ne sont pas seulement les rapports de l'Église de France, en corps, avec le Gouvernement qui ont changé depuis cette époque, c'est aussi l'économie intérieure des clergés régulier et séculier, ce sont les relations de ces clergés avec le pape et celles des catholiques français avec leurs pasteurs et avec le souverain pontife ; tout cela s'est modifié, sous l'influence de l'opinion publique, à un point dont M. Portalis ne se serait jamais douté.

II

Si l'on faisait l'histoire politique des cultes en notre pays depuis quatre-vingt-dix ans, si l'on recherchait ce qu'il reste de catholicisme dans les lois, les idées, le langage, les mœurs publiques de la France actuelle et ce qui en a disparu en ce siècle, on serait frappé, à travers les péripéties des révolutions et des réactions en sens divers qui les accompagnent, de la persistance d'un fait dominant : les progrès de la séparation du temporel et du spirituel, autrement dit de l'État et de l'Église.

Le premier symptôme de ce fait, n'est-ce pas la renaissance spontanée du culte aux derniers jours du xviiie siècle? Qui aurait pu croire qu'à la fin de cette période de discussion, où le catholicisme avait été si gravement battu en brèche, où la tête de la nation, l'aristocratie presque tout entière, partageait le scepticisme de Voltaire ou le déisme de Rousseau, où les prêtres étaient bannis et les églises fermées depuis sept ou huit ans, cette religion, après un anéantissement que l'on pouvait croire définitif, rejaillirait d'elle-même du sol ? Au XVIe siècle, le pouvoir laïque dominait assez l'idée religieuse pour que partout, en Europe, les peuples devinssent protestants, assez volontairement ou du moins sans grande résistance, là où les princes le devenaient eux-mêmes.

Ils poussèrent la complaisance jusqu'à adopter la nuance de protestantisme de leur souverain ; des centaines de milliers ou des millions d'hommes acceptèrent, du jour au lendemain, les idées de leur dynastie sur l'autorité du pape, le culte de la Vierge et le dogme de l'Eucharistie, comme une armée accepte le mot d'ordre de son général. Ils abjurent de la même manière que les hordes barbares, au déclin du monde romain, et les peuplades sauvages, aujourd'hui, se convertissent en bloc, à l'imitation de leur chef. Cependant on sortait, en 1520, d'un temps de foi que l'on nous représente comme l'âge d'or de la piété, pendant lequel toute tentative de dissidence avait été sévèrement réprimée, tandis que l'on sortait, en 1789, d'un temps d'incrédulité.

Et cependant, ni l'exemple des classes dirigeantes sous Louis XVI, ni la volonté du pouvoir durant la Révolution n'eurent de résultat. Il semble que la liberté de pensée et la poussée démocratique aient été favorables à l'idée religieuse ; il semble aussi que l'Église et l'État ne puissent plus rien l'un pour l'autre, ni l'un contre l'autre. Car on a vu, depuis 1801, le peuple suivre sa pente sans s'inquiéter de la tendance des gouvernements, que ces gouvernements fussent ceux d'un monarque ou d'une assemblée, et sans leur emboîter le pas dans aucune de leurs fluctuations, dans aucun de leurs efforts favorables ou hostiles au christianisme ; au contraire, cette opinion moyenne, dont les déplacements font et défont les majorités, paraît avoir à tâche de prévenir les excès des courants qu'elle-même a créés, soit qu'il s'agisse de mettre le culte dans la loi, comme sous Louis XVIII, ou hors la loi, comme à d'autres époques, de lui vouloir du bien ou du mal.

D'année en année, l'intervention de l'État a cessé de plus en plus de paraître légitime à l'Église, qui jadis l'acceptait, à la nation, qui la demandait, à l'État même, qui se mêle de moins en moins des affaires ecclésiastiques. Ceux des règlements qui organisaient les invasions réciproques, les protections pour l'Église, les surveillances pour l'État, sont tombés d'eux-mêmes en désuétude. On a renoncé à réclamer les unes et à se servir des autres.

Qui se souvient encore des joutes oratoires provoquées, sous la monarchie de Juillet, par les appels comme d'abus, ces vrais pistolets de paille, et par les « libertés de l'Église gallicane »? Que ces « libertés » soient au nombre de quatre-vingts ou seulement de treize, selon les dénombrements discordants des casuistes, toutes sont devenues inutiles. On a peine à se figurer aujourd'hui un tribunal, gardien des « canons », accordant par sentence civile les prières funèbres du prêtre à un défunt. Les canons, tout ce que la puissance laïque peut faire pour eux, c'est d'empêcher que les catholiques qui veulent les pratiquer ne soient troublés dans la libre obéissance qu'ils leurs donnent, ce qui revient à garantir tout bonnement l'exercice de la liberté de conscience.

Ç'a été avec une curiosité tout archaïque que l'on a vu surgir la prétention, passablement saugrenue, d'un rapporteur du budget des cultes, il y a une dizaine d'années, consistant à exiger la remise à neuf de la déclaration de 1682, chère à Bossuet. On s'est demandé, en souriant, comment un État républicain, qui ne peut imposer à personne la foi catholique tout entière, pourrait imposer des opinions qui n'en font pas partie essentielle, et que même les représentants, hiérarchiquement autorisés de cette foi, déclarent repousser de toutes leurs forces.

Quant à la loi du 18 germinal an X, non abrogée en droit, que penserait-on, si quelqu'un en demandait l'exhumation, de cet article 8 qui sommeille dans ses flancs, et qui offre un recours, « comme d'abus », devant le Conseil d'État, « contre tout procédé ou entreprise qui, dans l'exercice du culte, peut compromettre l'honneur des citoyens, *troubler arbitrairement leur conscience,* dégénérer contre eux en oppression ou en injure » ? Qui donc se contenterait, s'il était injurié en chaire par son curé, de faire déclarer par les magistrats du Palais-Royal « qu'il y a abus », et hésiterait à porter un délit de droit commun devant les tribunaux de droit commun ? Si, au contraire, un plaignant arguait que « sa conscience a été arbitrairement troublée » par le mandement de son évêque ou les remontrances de son confesseur, comment M. Fallières s'en tirerait-il ? Comment saurait-il si le trouble apporté est *arbitraire ;* et voyez-vous le Conseil d'Etat jugeant de ces matières, lui qui, légalement, n'a pas le droit d'avoir une conscience religieuse ?

Ces réflexions, les justiciables ont dû se les faire, car je ne sache pas que la juridiction administrative ait été saisie de pareils procès.

Il en a été de même des espérances manifestées par les canonistes laïques, dans la première partie de notre siècle, d'atteindre judiciairement « les supérieurs ecclésiastiques, en raison du pouvoir dont ils jouissent par leurs fonctions, là même où le droit commun ne les atteignait pas ». Quelles qu'elles fussent, quelque forme qu'elles revêtissent, les prétentions de l'État sécularisé à légiférer sur le domaine clérical sont demeurées impuissantes.

Un autre symptôme de séparation tacite des deux pouvoirs, c'est la libre résurrection du clergé régulier. Sous Louis XVI, deux familles religieuses existent, également nombreuses, également riches et puissantes : le clerc et le moine. La tourmente révolutionnaire les disperse toutes deux au même titre ; le consulat n'en fait revivre qu'une seule : la séculière. A celle-là il réserve pensions et traitements, cathédrales et presbytères. L'Empire y joint des honneurs et un rang distingué : des lots gradués de coups de canon fêteront la prise de possession par les prélats de leur ville épiscopale; l'archevêque précédera le préfet, et l'évêque le général de brigade.

De l'autre branche ecclésiastique, les religieux des deux sexes, le concordat n'a pas fait mention, le budget est muet à leur égard. Leur ruine est définitive : prieurés, abbayes, futaies centenaires, grasses métairies en plein rapport, de cette immense fortune monacale, antérieure à la féodalité, presque contemporaine de la conquête barbare, la doyenne de toutes les propriétés existant en 1789 sur le sol national, il ne reviendra pas un are ni une pierre aux ordres à jamais abolis. Il n'est pas de place pour eux dans la société nouvelle.

Le pape, écrit Portalis, « avait autrefois, dans les ordres religieux, une milice qui lui prêtait obéissance et était toujours disposée à propager les doctrines ultramontaines. Nos lois ont licencié cette milice; *désormais nous n'aurons plus qu'un clergé séculier*, c'est-à-dire des évêques et des prêtres ». En effet, au milieu de l'allégresse catholique, tandis qu'à Paris les cloches de Notre-Dame annoncent à la France le couronnement de l'empereur par le chef de la chrétienté, et que le chant de la messe paroissiale se fait entendre, comme autrefois, dans les temples de la campagne, le « congréganiste » se cache et se déguise. Il ne peut interpréter en sa faveur le silence des pouvoirs publics.

C'est avec intention que l'on n'a pas stipulé pour lui ; son froc demeure séditieux et punissable. Qu'il essaie de reparaître au grand soleil ou de s'enfermer dans un nouveau cloître, il ne tient qu'à un moment de mauvaise humeur du prince ou de ses ministres qu'on ne lui prouve, par des mesures rigoureuses, que ses vœux sont, non pas indifférents et ignorés de la loi, comme on serait en droit de le supposer dans un état vraiment laïque, mais contraires à la loi. Il en fit à diverses reprises, sous Napoléon I*er*, la désagréable expérience.

Et voici que, malgré tout, ces ilotes prospèrent, qu'ils se recrutent, qu'ils s'enrichissent et se fortifient, qu'ils bâtissent et acquièrent, que chaque habit a ses favoris, que chaque règle a ses adeptes, les plus dures aussi bien que les moins pénibles, qu'il se trouve chaque année des Français et des Françaises pour se faire chartreux et carmélites, capucins et ursulines, frères prêcheurs et sœurs de charité, qu'il s'en trouve même pour se faire jésuites, quoique les jésuites, deux fois proscrits sous l'ancien régime, l'aient encore été deux fois en ce siècle, la première par Charles X qui les a chassés de France, et la seconde par M. Jules Ferry qui les a seulement expulsés de leurs couvents.

La passion que ces gens éprouvent de se séparer du commun des hommes est si violente, qu'aujourd'hui où les couvents ne se recrutent plus, comme ils faisaient il y a cent ans, de garçons et de filles que leurs parents y mettaient dès le bas âge, avec l'intention bien arrêtée de les dédier à Dieu au moment de leur majorité, faute de pouvoir en tirer un parti sortable dans le monde, aujourd'hui où, les ordres monastiques ayant débuté à nouveau sans le sou, comme aux temps apostoliques, on a davantage à donner qu'à recevoir en y entrant, les congrégations atteindraient, si j'en juge par certaines statistiques que j'ai sous les yeux, un effectif quatre fois plus élevé que celui des séculiers qui émargent à la direction des cultes. On affirme aussi que leurs richesses seraient en voie de se reconstituer et friseraient, en capital, le milliard. J'admets qu'il y ait dans ces chiffres, un peu gonflés par un esprit de secte qui n'est point favorable aux congréganistes, quelque bonne part d'exagération.

Mais que nous importe? Fussent-ils, ces disciples de saint Benoît, de saint François, de saint Ignace, deux fois plus riches et deux fois plus nombreux, cette éclosion spontanée et si rapide, sans aucun encouragement matériel ou moral de la puissance sociale, mais au contraire malgré le mauvais vouloir et les entraves de cette puissance, démontre surabondamment que l'opinion, en ces sortes de choses, est plus forte que la législation, et que la vitalité d'une association religieuse ne tient pas à un instrument diplomatique. Elle confond à la fois, dans les deux camps opposés, les partisans de la protection et ceux de la persécution de l'État.

D'autres marques encore de l'esprit séparatiste : quoique en vertu de lois et de règlements du premier Empire et de la Restauration le Gouvernement soit en droit de se mêler de mille façons de la conduite des affaires religieuses, quoiqu'il puisse s'interposer entre les évêques et le pape, entre les curés et les évêques, de fait il s'en abstient. Il sent qu'il serait ridicule s'il le faisait. L'Église est ainsi devenue plus libre et sa hiérarchie plus serrée. Il existait, sous l'ancienne monarchie, un abîme entre les évêques cossus et distingués, gens du monde, gens nobles et bien apparentés pour la plupart, et les vicaires à portion congrue, un peu cuistres et fort près de terre.

Seulement les exemptions, — cette « mousse des exemptions, comme disait saint François de Sales, qui a fait tant de mal à l'arbre de l'Église », — avaient soustrait bien des clercs, et souvent ces pauvres vicaires eux-mêmes, à la juridiction de leur pasteur. Des couvents, d'orgueilleux et intraitables chapitres, des seigneurs, patrons primitifs, ou des bourgeois qui en tenaient lieu et qui avaient acheté, avec la terre et le château, le droit de nomination aux cures, confondu parmi les autres droits féodaux que les chevaliers du xiie siècle s'étaient réservés, tenaient le prélat en échec sur bien des points, bornaient de tous les côtés son autorité, énervée par des conflits toujours possibles.

Rien de semblable depuis la Révolution : l'évêque n'appartient pas en général à une tranche sociale plus élevée que ses prêtres, il est, de naissance, plus voisin d'eux, mais il est aussi plus maître d'eux. Nul n'a pouvoir sur son clergé que lui-même, et son pouvoir est aussi absolu qu'on peut l'imaginer. Les desservants de l'ancien régime étaient inamovibles, ceux d'aujourd'hui ne le sont plus. Ils sont dans les mains de « monseigneur » comme les instituteurs dans celles de M. le Préfet. Et l'évêque n'a pas, comme le préfet, de compte à rendre au ministre sous la coupe duquel il est placé ; des orateurs peuvent bien, à la tribune de la Chambre, appeler, si cela leur plaît, les circulaires du ministre des cultes à l'épiscopat « des ordres donnés aux évêques *par leur chef*, dans l'exercice officiel de *leur métier* », ils peuvent exiger que « le desservant d'une paroisse soit toujours à la disposition de *ses administrés* », ce sont là des phrases vides de sens. Le prêtre, auquel des décisions et des rapports de la Convention et de l'Assemblée nationale de 1848 ont plusieurs fois et solennellement refusé la qualité de fonctionnaire public, ne reçoit plus d'ordres que de son évêque, et l'évêque n'en reçoit plus que du pape.

Quant aux rapports des ministres du culte avec les populations, l'État ne peut ni forcer les catholiques à leur obéir, ni les empêcher de se conformer à leurs injonctions ; dans les deux cas il attenterait à la liberté de conscience. Sans que nul y veuille ou y puisse contredire, chaque diocèse a rétabli son « officialité », tribunal ecclésiastique, juridiction volontaire, non reconnue par aucune loi, qui rend des sentences et édicte des peines privées, comme les chambres de discipline de certaines grandes industries.

III

Un de nos grands ministres d'autrefois, dignitaire de l'Église du reste, résumait ainsi la politique à suivre vis-à-vis du souverain pontife : « Il faut, disait-il, lui baiser les pieds et lui lier les mains. » Effectivement nos rois faisaient alternativement, et quelquefois en même temps, l'un et l'autre, et les autres princes de la chrétienté en usaient de même ; les gouvernements modernes ne se soucient plus de faire ni l'un ni l'autre.

Par suite, les papes ont recouvré, dans le domaine spirituel, une somme d'autorité dont ils n'avaient pas joui depuis de longs siècles. Les intrigues des couronnes pour l'élection des souverains pontifes, cet objet si important de la mission de nos ambassadeurs, ont presque totalement cessé ; avec elles ont disparu ces factions qui divisaient le sacré-collège en cardinaux à la solde, secrète ou avouée, des diverses puissances. La scission du spirituel et du temporel s'opérant à l'intérieur des États catholiques, — en Espagne, en Italie, en Autriche même comme en France, — s'est faite par contrecoup à Rome et dans les rapports de Rome avec Paris.

Plus un gouvernement tient à rester, chez lui, étranger aux choses religieuses et moins il entend laisser la religion prendre place dans la politique, plus aussi il demeure indifférent au choix de celui qui occupera la chaire de saint Pierre. Celui-là, à son tour, n'ayant été ni combattu ni appuyé dans le conclave par aucune nationalité, ne se sent, à l'égard d'aucun cabinet, ces sentiments de gratitude ou de rancune que beaucoup de prédécesseurs de Léon XIII ont eu peine à oublier, en ceignant la tiare, dans les quatre siècles qui précèdent le nôtre.

La perte de ses États ne paraît pas avoir affaibli l'autorité du saint-siège, au contraire; elle n'a même pas nui à son influence européenne, comme on en a vu de récents exemples.

Les catholiques du monde entier peuvent s'affliger de la spoliation qui supprime la principauté ecclésiastique la plus ancienne, puisqu'elle datait de onze cents ans, et la plus illustre, puisqu'elle avait pour titulaire le chef même de l'Eglise ; les catholiques français ont dû voir, aux temps monarchiques, disparaître avec un égal regret des duchés et des comtés où la crosse avait été longtemps souveraine, dont quelques-uns, celui de Grenoble par exemple, n'avaient pas pour origine la donation d'un tiers, mais bien la conquête qui en avait été faite par un évêque guerrier; de même les catholiques allemands ont-ils souffert sans doute quand le doigt de Napoléon effaçait de la carte germanique les trois électorats religieux de Mayence, Cologne et Trèves; mais pas plus pour le pontife suprême que pour ces prélats de diverses tailles, pas plus sur le Tibre que sur le Rhin, l'absence de la souveraineté laïque n'a préjudicié à la puissance spirituelle.

Nul doute que, si le duc de Savoie, dont les

convoitises sur les États romains ne datent pas d'hier, puisqu'il paraît avoir tenté, dès le xvii⁰ siècle, de les écorner quelque peu, « persuadé, disent les mémoires du temps, que l'augmentation d'un prince zélé au bien de la religion et de l'Église, comme lui, serait d'un assez grand avantage au saint-siège pour qu'il souffrît volontairement quelque mal pour un si grand bien », nul doute que, si ce prince, ou tout autre, eût attenté à quelque portion du « patrimoine de saint Pierre », les rois catholiques d'autrefois l'en eussent empêché par les armes.

Cependant ces mêmes rois, les nôtres en particulier, avaient avec la cour romaine des contentions si vives sur les matières de discipline ou de dogme, que l'on vit durant plusieurs années, sous Louis XIV, des évêques intronisés civilement dans leurs diocèses et les gouvernant sans avoir reçu l'institution canonique. Parfois c'étaient des questions diplomatiques qui allumaient les querelles ; le Vatican et le Louvre commençaient la guerre sur le terrain temporel et la continuaient sur le terrain spirituel : les papes, à défaut de soldats, mettant au service de leurs alliés des excommunications contre leurs adversaires ; Henri II se brouillant avec Jules II au sujet de Parme et des Farnèse, et défendant aux évêques français de prendre part au concile œcuménique.

Notre haut clergé était, aux mêmes époques, imbu d'un esprit de raideur et de résistance qui rendait souvent très difficile la tâche de la papauté. D'illustres docteurs, recherchant jusque dans les traditions primitives les droits que pouvait avoir l'épiscopat de tenir tête au pontificat, rappelaient du haut de la chaire que saint Paul avait dit en face à saint Pierre des vérités désagréables sur la façon dont il conduisait l'Eglise, qu'il les lui avait dites, c'est Bossuet qui parle, « dans une épître qu'on devait lire éternellement, et que Pierre, qui les entendait, ne s'en fâchait pas ».

Ce droit de remontrances, appliqué par d'étroits cerveaux, nous valut au XVIIIe siècle toutes les difficultés jansénistes et les obstinés appelants de la bulle *Unigenitus*. Ce n'était pas seulement les limites de l'autorité personnelle du pape que l'on discutait, puisque les décrets du concile de Trente, en matière de discipline, ne furent jamais reçus en France, et qu'il en résulta pendant deux cents ans de singulières disputes sur l'âge auquel on pouvait validement contracter des vœux monastiques, âge qui n'était pas le même selon l'Église et selon l'État.

Aujourd'hui, je ne pense pas qu'un seul parti politique sérieux songerait à consacrer l'or ou le sang français à la résurrection des États du pape ; en revanche, le saint-père a pu proclamer depuis trente ans deux dogmes nouveaux, tous les deux de haute importance, et le second capital pour la doctrine catholique, sans qu'aucune opposition se soit manifestée de la part de nos gouvernements, sans qu'aucune objection ait été élevée à ce sujet. Ces deux observations résument à elles seules la nouvelle attitude des deux pouvoirs telle qu'elle résulte de la marche des idées modernes.

La non-intervention, pratiquée dans ces graves circonstances, a prévalu *a fortiori* vis-à-vis des actes courants de la puissance papale, des rescrits, bulles et brefs de toute nature, que les bureaux des cultes sont censés « examiner avant leur publication en France », selon la formule de jadis, mais qui ne portent plus ombrage à personne. Il ne serait pas difficile de multiplier, en les saisissant sur le vif, les indices de cette séparation croissante des domaines ecclésiastique et laïque; elle s'est poursuivie silencieusement et sans relâche dans l'opinion, à travers les révolutions et sous les divers et éphémères détenteurs du portefeuille des cultes, lesquels ont changé soixante-neuf fois de ministres depuis 1800 et huit fois de directeurs depuis 1870.

En même temps la tolérance religieuse faisait des progrès sensibles; j'étonne peut-être, en énonçant cette vérité, bien des gens qui se figurent endurer le martyre; mais, en semblable matière, il ne suffit pas de regarder les maux dont on souffre, ou dont on croit souffrir, il faut les comparer à ceux que d'autres ont soufferts. L'effort de la raison qui fait vivre en paix, dans une même âme, une ardente conviction personnelle et un profond respect des convictions d'autrui, n'est guère à la portée de la foule. Les masses sont souvent à cet égard aussi intolérantes que les despotes; elles ne se plaisent pas dans cet état moyen, aussi éloigné de la persécution que de l'indifférence, qui est l'apanage de quelques esprits élevés. Elles passent sans transition d'un extrême à l'autre et n'arrivent souvent à la liberté de conscience que par le scepticisme, parce qu'elles ne supportent la contradiction que sur les sujets qui ne les intéressent pas. Dévot, le peuple tuait les incrédules; incrédule, il tuait les prêtres.

Il ne faut pas aller bien loin dans le passé pour constater qu'il y a peu de temps encore, le droit commun du monde entier, c'était en effet l'intolérance. Sans remonter au déluge, ni aux premiers siècles de notre ère, pendant lesquels une société très policée traita avec une férocité parfaite ces vertueux « socialistes chrétiens », espèce héroïque, qui prétendaient seulement mettre en commun ce qu'ils avaient et non ce qu'avaient les autres, sans suivre le long des âges cette Église que les âmes zélées firent passer du rôle de victime à celui de bourreau, d'abord contre les païens écroulés, puis contre les hérétiques sans cesse renaissants, contre les impies, contre les juifs qui persistaient à ne pas mourir, toutes persécutions que ces ennemis multiples lui rendaient avec usure partout où ils étaient les plus forts, je ne vois pas que la liberté de conscience ait fait de grands pas, même depuis l'apparition de la réforme, au XVIᵉ siècle.

Le protestantisme, que l'on représente parfois comme l'évangile du droit de discussion, fut, à l'origine, aussi absolu que le catholicisme l'avait jamais été. Ses apôtres préconisaient une certaine foi en opposition à une certaine autre, et les luthériens, là où ils étaient les maîtres, opprimaient les calvinistes aussi bien que les catholiques. A nos portes, le Palatinat était, deux fois en soixante ans, contraint d'embrasser les doctrines de Luther, et deux fois de les abandonner pour celles de Calvin.

Nos propres guerres de religion sont présentes à toutes les mémoires; pendant la période qui les suivit, depuis la promulgation de l'édit de Nantes jusqu'à sa révocation, le populaire catholique ne cessa de se montrer hostile à ces concessions que les hommes d'État, et les hommes d'Église aussi, plus avisés, étaient d'avis de maintenir. Ce populaire vit avec plaisir recommencer la persécution contre les huguenots; les injustices et les violences envers des citoyens inoffensifs lui parurent toutes naturelles.

Au XVIIIe siècle, ce ne sont plus seulement des chrétiens qui se proscrivent entre eux, ce sont des catholiques, — molinistes contre jansénistes, — que des divergences d'appréciation sur « la grâce efficace par elle-même », et « la prédestination gratuite », poussent à demander les uns contre les autres, aux pouvoirs publics, des lettres de cachet et des ordres d'exil. La domination passe ensuite aux mains des partisans de la liberté religieuse, et l'un des premiers usages qu'ils en font est d'envoyer les ministres catholiques à l'échafaud.

Comparons ces époques à la nôtre, nous verrons combien elle leur est supérieure : sous la Restauration, qui fut une réaction religieuse, le *summum* des efforts de la majorité consista à faire voter une loi sur le sacrilège, qu'on n'osa jamais appliquer, et dont il ne reste que le magnifique discours prononcé contre elle par Royer-Collard. En ce temps-là, pour obtenir des postes, de l'avancement, des honneurs, tout ce que peut donner un État de 24 millions d'âmes et d'un milliard de budget, il fallait être plus ou moins poussé par la « congrégation » et le « parti prêtre », comme sous la monarchie de Juillet, qui fut une réaction antireligieuse, il fallut, pour réussir, être suffisamment « voltairien », ennemi de l'ultramontanisme, des jésuites et de tous les moines.

Veut-on un échantillon des exigences de l'opinion ? Le ministère voyait une bravade dans le projet de Mgr Affre de confier la chaire de Notre-Dame au père Lacordaire, un dominicain, « ce qui était notoirement contraire aux lois ». L'archevêque de Paris, mandé aux Tuileries, était prévenu que, s'il y avait une émeute, on ne pourrait pas le défendre, que la garde nationale ne donnerait probablement pas, et on lui rappelait le sac de l'archevêché en 1830. A l'hostilité officielle des catholiques pour les libres-penseurs avait succédé l'hostilité officielle des libres-penseurs pour les catholiques et elle se traduisait de la même manière. A quarante et soixante ans de distance, tout cela nous paraît assez bénin. Sur le moment libres-penseurs et catholiques se représentèrent tour à tour, — il suffit pour s'en convaincre de lire les journaux et les discours du temps, — comme victimes de la plus odieuse tyrannie.

Les uns et les autres s'illusionnaient; telles ces collines qui paraissent de hautes montagnes à ceux qui les gravissent, et qui de loin, à l'œil du géographe, semblent à peine des plis de terrain. La République de 1848 et l'Empire furent de bonnes époques d'apaisement religieux. La première fut, en haine du roi Louis-Philippe, saluée avec joie par le clergé qui s'empressa de bénir les arbres de la liberté. Le nouveau régime avait adopté, vis-à-vis de l'Église, une neutralité bienveillante (de 1848 à 1851, le budget des cultes fut augmenté de 5 millions); l'Empire persista dans la même voie, et l'une des preuves qu'on peut donner de ses intentions impartiales, c'est qu'il fut accusé à la fois par les cléricaux de tendresse pour les francs-maçons, et par les francs-maçons de penchant déclaré pour les cléricaux. Ces derniers paraissaient dire vrai plus que les autres, car le clergé, en très grande majorité, et l'organe qui le représentait plus spécialement en 1870, l'*Univers*, étaient devenus bonapartistes.

Dès lors l'Église devenait antipathique aux républicains de 1871, tandis qu'elle avait été sympathique aux républicains de 1848, parce qu'alors elle était en butte aux tracasseries du régime qu'ils venaient de renverser.

IV

C'est ici le lieu de remarquer combien la forme actuelle des rapports de l'Etat avec l'Église rend difficile la tactique de cette dernière dans un pays qui a changé six fois, depuis quatre-vingts ans, de chef et de régime. Plus l'Église est bien avec celui du jour, plus elle a de chances d'être mal avec celui du lendemain. Elle remplace avec philosophie sa formule concordataire d'invocation, à la grand'messe, aussitôt que le télégraphe lui apprend qu'il y a lieu de le faire, et ses curés entonnent successivement des *Domine salvum fac regem..., imperatorem..., rempublicam*, sur le même air, mais non avec la même chaleur.

Le clergé est, de par des traités, uni, dit-on, à l'État, mais à quel État? Il ne devrait, le bon sens l'indique, s'inféoder à aucun système, n'en haïr, n'en aimer aucun ; mais ce qui est facile à dire en théorie ne l'est pas à obtenir en pratique. Il n'est pas de métier plus ingrat que celui de courtisan quand vous êtes moralement forcé, pour courber l'échine devant le roi régnant, de tourner le dos au roi de la veille qui a eu des bontés pour vous, qui n'est pas mort, et que vous craignez toujours de voir remonter sur le trône. — Mais, dira-t-on, abstenez-vous d'aller à la cour. — Impossible, puisque je suis contraint d'y paraître.

De sa nature l'Église est gouvernementale ; inflexible dans ses dogmes, elle est souple dans sa politique, dans son personnel qui se transforme avec les temps. Il y a eu, depuis quinze siècles, dix clergés différents en France, comme il y a aujourd'hui trente clergés catholiques sur le globe, tous adaptés aux conditions de race, de milieux et de gouvernement dans lesquelles ils se trouvent placés. Chez nous, le clergé du XIXe siècle ne ressemble en rien à celui du XVIIIe.

Loin d'être hostile *a priori* au monde laïque dans lequel elle vit, on pourrait regretter au contraire que la milice ecclésiastique n'ait pas su se protéger assez soigneusement, se défendre assez contre l'air des temps qu'elle a traversés, et dont les idées l'ont pénétrée au point de retarder parfois sa marche. Ainsi, ennemie par principe de l'esclavage, messagère de l'égalité humaine et de la charité surhumaine, elle a fait plus que tolérer le servage, elle l'a maintenu dans ses propres domaines tout aussi longtemps qu'elle l'a pu ; et l'on voyait aux XIVe et XVe siècles, deux ou trois cents ans après les premiers affranchissements, des moines d'un ascétisme supérieur, des chartreux adonnés aux plus rudes austérités, qui passaient leur vie dans la méditation et la prière, et ne songeaient nullement à donner la liberté à leurs serfs.

Le désaccord actuel entre le clergé et le régime républicain n'a donc pas de quoi inquiéter, pour l'avenir, ceux qui croient à la fois à la durée de la République et à l'éternité de l'Église. Deux pouvoirs qui ne peuvent se vaincre finissent tôt ou tard par traiter ; c'est une question de temps, mais mieux vaudrait pour tous les deux que ce fût le plus tôt possible. Quelle sera la base de cette paix qui rendra l'Église à elle-même et en débarrassera l'État, qui mettra fin à la fois à la politique religieuse de droite que l'on appelle « cléricalisme », et à la politique religieuse de gauche que l'on appelle « persécution »? Quelle peut-elle être, sinon la consécration légale de la dissociation, déjà faite dans les mœurs, entre le spirituel et le temporel? Voyons d'abord les causes de l'antagonisme qui a tenu tant de place, depuis douze ans, dans notre existence nationale; elles sont diverses et très subtiles.

L'Evangile et la Déclaration des droits de l'homme ont plus qu'un air de famille ; ils se ressemblent politiquement comme frère et sœur. Mieux vaudrait dire comme père et fille, puisque l'un a sur l'autre une avance de dix-huit cents ans ; mais comme certains démagogues pourraient se trouver blessés de ce que les tables de la loi révolutionnaire aient été faites de pierre chrétienne, je ne le dirai pas.

Aussi bien la priorité ne sert ici de rien ; ce

n'est pas une filiation naturelle, d'ailleurs reconnue, entre la démocratie de la morale évangélique et celle des dogmes républicains, c'est tout simplement leur extrême concordance qui devait, sinon les unir étroitement, du moins les faire vivre en paix. L'une et l'autre ont un très vif sentiment de la dignité humaine, prêchent la même charité fraternelle, imposent la même égalité, avec une défiance marquée, une défiance qui touche à l'aversion, pour les classes dirigeantes, — pharisiens ou aristocrates, — pour les riches surtout, dont Jésus-Christ ne parle qu'avec menaces, presque avec malédictions, leur mesurant l'espace dans le royaume des cieux, comme la Convention les écartait, sur la terre, des emplois électifs, et réservant au contraire son indulgence, ses faveurs, pour la plèbe des ignorants, des faibles et des gueux, qui grouillent au fond de toute société plus ou moins civilisée.

Certes, si une religion et un organisme politique paraissaient faits pour s'entendre, c'étaient bien celui-ci et celle-là. D'où vient qu'aujourd'hui ils se haïssent? Le second paraissait introduire dans la vie publique, réduire en code, adapter à la machine gouvernementale qu'il construisait, les maximes et les préceptes que la première recommandait depuis tant de siècles. Ce qui les a divisés, ce qui les divise encore, c'est que ni les représentants de l'Église, ni les représentants de l'État, n'acceptent la liberté de conscience, loyalement, sans arrière-pensée, avec toutes ses conséquences.

Il y a bien eu des motifs accidentels, des faits d'une nature contingente, qui ont paru, durant ces vingt dernières années, enrégimenter l'Église dans les rangs d'un parti, qui lui en font partager la bonne et la mauvaise fortune: le clergé, par vocation, aime, et ce n'est pas un crime, ceux qui aiment le catholicisme, qui en observent du moins ostensiblement les rites. Napoléon III, qui trouvait que la couronne de France valait bien une messe, et même plusieurs, augmentait le budget des cultes de 11 millions, entre 1852 et 1870, envoyait nos troupes à Rome, et maintenait ainsi, les jours de vote, sa clientèle catholique, en dépit des chefs du parti légitimiste reprochant vainement aux curés ce qu'ils nommaient une défection.

Du moment où le catholicisme était rallié à la dynastie, les ennemis de l'Empire devenaient aussi les ennemis du catholicisme, et comme ces ennemis de l'Empire étaient principalement des républicains, il apparut que république et antireligion étaient inséparables, comme jésuitisme et droit divin paraissaient aller de pair sous Louis-Philippe. De religion, le personnel législatif et administratif d'il y a trente ans n'était pas, au fond, bien entiché ; le zèle de la maison de Dieu ne le dévorait pas outre mesure ; mais les politiques du moment obtinrent ce qu'ils ambitionnaient : les amis de la religion devinrent les ennemis de la République.

Et ils le demeurèrent après l'avènement effectif de cette forme de gouvernement.... Dès lors, ce fut, vis-à-vis de l'Église, un assaut de politesse de la part des conservateurs et de mauvais procédés de la part des républicains. La majorité de 1871 à 1875 vouait nationalement la France au Sacré-Cœur, punissait, dans sa loi sur l'Internationale, la « provocation à l'abolition de la religion » de deux ans de prison et de 100 fr. d'amende, décrétait des prières officielles au commencement de chaque session, et admettait la collation des grades par les universités catholiques au nom de ce qu'elle appelait la liberté ; au nom de la laïcité, la majorité de 1876 à 1889 proscrivait l'enseignement religieux de l'école publique, supprimait dans la loi militaire l'exemption complète des séminaristes et ne leur concédait qu'une exemption partielle (un an de service au lieu de trois), réduisait à 46 millions le budget des cultes qu'elle avait trouvé à 53.

Comme, à chacune de ces mesures et de beaucoup d'autres moins considérables, mais dirigées dans le même esprit, le mécontentement du clergé allait augmentant, et se témoignait, aux élections, par une hostilité non dé-

guisée pour les institutions actuelles et pour les candidats qui les défendaient, que le premier soin de ces candidats, une fois assis au Palais-Bourbon, était naturellement de rendre coup pour coup à ces robes noires qui les avaient combattus, la guerre a continué ainsi par ce seul motif qu'elle avait duré longtemps et que chacun avait toujours à venger quelque injure.
— « Comment pourrions-nous jamais accepter la République, dit le clergé, elle ne nous a fait que du mal ! » — « Quelle entente sera jamais possible avec le clergé, disent les républicains, il est irréconciliable ! S'il s'était tenu tranquille, on ne l'aurait pas envoyé à la caserne ; il ne sera content que lorsqu'on lui aura supprimé son traitement. »

Ce langage assez franc, même un peu cynique, est celui de beaucoup d'hommes de gauche à l'heure des confidences. Cependant, ni la République n'a fait grand tort à l'Église, ni l'Église n'a porté grand préjudice à la République ; l'une et l'autre restent sur leurs positions. Que nous réserve le lendemain ? En ce moment, les questions irritantes sommeillent ; qu'on ne s'y fie pas, elles se réveilleront, et il n'est qu'un moyen de les prévenir.

Ce qui crée aux griefs mutuels du clergé et du gouvernement républicain une base solide, ce qui rend ces griefs plausibles, c'est précisément l'existence de ce concordat qui est censé les unir, les obliger à une affection, à des devoirs réciproques. Deux époux, deux associés, ne peuvent, en bonne justice, se considérer comme mariés ou liés seulement dans ce qu'ils croient leur être avantageux, et comme étrangers ou hostiles dans ce qui peut ne pas leur plaire. C'est de cette inconséquence que vient tout le mal.

Le prêtre qui est tenu de prier Dieu pour le salut de la République, le prêtre dont le chef suprême entretient, à Paris et à Rome, des rapports diplomatiques, que tout me porte à croire cordiaux, avec cette République, a mauvaise grâce à déclarer, comme le faisait, au mois de septembre 1889, la *Semaine religieuse* d'un diocèse de ma connaissance, que

« ce serait commettre un péché mortel » et
« vendre à nouveau son Dieu comme Judas »,
que de donner sa voix aux députés amis du
pouvoir actuel. De son côté, une République
qui reconnaît, par un traité compris au nombre
des lois de l'Etat, que « la religion catholique,
apostolique et romaine est la religion de la
grande majorité des citoyens français », une République
dont le président, par le même traité,
s'engage à « faire une profession particulière
du culte catholique », met la barrette sur la tête
des cardinaux, nomme les évêques, se charge
ainsi en quelque façon de la conduite de nos
âmes, et remplit une mission pour ainsi dire
spirituelle en désignant, parmi les clercs, les
successeurs des apôtres qui doivent nous guider
dans les voies du salut, une pareille République
est très mal venue à dire à cette religion, à son
clergé, à ses fidèles : « Je ne sais qui vous êtes ;
j'ignore s'il y a en France un ou plusieurs
cultes et combien ils comptent d'adhérents.
Par conséquent, il est de mon devoir d'observer
là-dessus une scrupuleuse neutralité. »

Je ne suis pas de ceux qui s'exagèrent la portée des mesures prises par les derniers Parlements à l'égard du catholicisme ; leurs résultats tromperont peut-être tout le monde. Quelques-unes blessaient directement la liberté ; prises dans un moment d'emportement, elles ont été désavouées par l'opinion et regrettées, dit-on, par leurs auteurs ; leur durée a été éphémère et les choses ont repris leur cours comme précédemment.

Telle fut la dispersion, faite à grand bruit, des congrégations religieuses. D'autres prescriptions, comme le service militaire d'un an auquel les aspirants au sacerdoce se trouvent désormais soumis, resteront sans doute en vigueur aussi longtemps que le service obligatoire. Le courant égalitaire n'est pas près de s'arrêter, et il serait plus difficile à une Chambre réactionnaire de rétablir la dispense totale, qu'il ne l'était à une Chambre républicaine de la maintenir.

Que cette loi ait été votée dans le dessein de faire pièce à l'Église et d'entraver son recrutement, cela est possible ; mais y parviendra-t-elle ? Il y aura des vocations que le port du képi trempera, il y en aura qu'il brisera, vocations moyennes, « mixtes », comme dit un théologien, celles d'enfants pauvres auxquels une dévotion précoce a valu une bourse ou demi-bourse dans un séminaire, qui « poussent pour être prêtres », selon l'expression paysanne, et qui font un bon vicaire comme ils auraient fait un bon médecin de canton, ou un bon employé de chemin de fer.

Supposons que ceux-là ne reprennent pas la soutane, l'armée cléricale gagnera en qualité ce qu'elle perdra en quantité. Qui empêchera d'ailleurs les évêques, si leurs cadres se dégarnissent, de demander aux ordres religieux des sujets pour remplir les cures, de faire appel à ces jeunes « congréganistes » qui peut-être ont des vocations plus solides, de leur imposer, ou faire imposer comme un devoir par leurs supérieurs, des postes séculiers ? Il est clair que l'Église ne veut ni ne peut violenter personne dans son sein, mais on ne doit pas s'attendre à ce qu'elle demeure bénévolement avec des couvents pleins et des presbytères vides. Je n'émets là qu'une simple hypothèse, mais on devine aisément quelles en seraient les conséquences : la masse du clergé séculier se recrute aujourd'hui parmi le peuple des campagnes, bonne santé, mais esprit parfois un peu lourd ; la majorité des religieux sont des sujets appartenant aux classes moyennes, ayant derrière eux pas mal de générations cultivées. Libres de choisir par leur naissance et leur éducation entre l'exercice des professions libérales les plus diverses, d'impérieux sentiments de foi les ont portés à fuir le monde. Le zèle ou, selon le point de vue auquel on se place, le « fanatisme » de ceux-là serait donc beaucoup plus redoutable à leurs adversaires ; et le gouvernement n'aurait pas gagné au change si les circonstances futures faisaient à l'Église une nécessité de les employer directement au ministère pastoral.

Quel sera, d'un autre côté, le résultat du séjour à la caserne de ces jeunes lévites qui se

disposaient à « être le partage du Seigneur ? »
On paraît croire dans les deux camps, — et
d'avance l'on en gémit à droite pendant que
l'on en plaisante à gauche, — que leur vertu
sera fortement entamée et leurs convictions
refroidies. Il se peut que le contraire arrive,
que ces jeunes « minorés » soient dans la chambrée autant d'apôtres, qu'ils y fassent des prosélytes et y opèrent des conversions, et qu'après avoir supprimé en temps de paix des
aumôniers forcément un peu honoraires, et qui
n'avaient que peu de contact avec la troupe,
on n'ait, par la loi nouvelle, introduit sans y
prendre garde, dans les rangs de l'armée, un
noyau de missionnaires en pantalon rouge.

Le cardinal Lavigerie a semblé prévoir cette
éventualité dans les conseils qu'il adressait il
y a quelques années aux séminaristes de son
diocèse : « Remerciez Dieu, leur dit-il, de ce
que vous allez pouvoir évangéliser ces soldats
à qui on a voulu enlever toute pensée, toute
pratique de foi. Ils n'ont plus de prêtres parmi
eux ; mais vous allez pouvoir, comme saint

François, leur prêcher de près par vos exemples. Vous êtes, comme lui, les ministres de Dieu. Prêchez, comme lui, par l'accomplissement de tous vos devoirs et, en particulier, par celui des devoirs nouveaux que la loi vous impose... »

Qu'il me soit permis ici de signaler, dans la mauvaise humeur avec laquelle l'opinion catholique a accueilli la suppression de la dispense militaire des élèves ecclésiastiques, un nouveau symptôme de cette séparation moderne du spirituel et du temporel dont j'ai déjà longuement parlé.

Autrefois, le caractère sacerdotal semblait fort compatible avec une foule de fonctions que l'esprit contemporain juge avec raison devoir lui demeurer tout à fait étrangères. Le clergé du moyen âge allait à la guerre non pas seulement par force, mais quelquefois par goût. Charlemagne, qui passerait aujourd'hui pour clérical, obligeait les clercs à faire en personne le service des fiefs, et nul ne s'en est choqué. Toutes les villes de France avaient, aux derniers siècles, une sorte de garde nationale dans laquelle les habitants, sans distinction de caste, étaient enrôlés ; les ecclésiastiques, comme les autres, étaient astreints à monter à leur tour la garde sur les remparts. Angers comptait parmi ses capitaines civiques l'abbé d'une des plus notables abbayes ; à Paris, le chanoine grand-chantre de Notre-Dame était colonel de la compagnie de la Cité.

Les moines-canonniers de la Ligue n'étaient ni les premiers ni les derniers de leur race. Un capucin dirigeait au siège de Dôle, sous Louis XIII, l'artillerie des Francs-Comtois et, au même siège, les cordeliers « faisaient merveille, en assommant avec des marteaux pointus tous les ennemis qu'ils rencontraient sous leurs mains ». Nos soldats ont pu apprécier sous le premier Empire, au siège de Saragosse, de fiers échantillons des « congréganistes » espagnols. Évêques ou cardinaux ne dédaignaient pas non plus le port du casque et de l'épée, et quand le pape prétendait interdire aux prélats le commandement des armées, le gouvernement français lui répondait « que les cardinaux devaient contribuer au bien public selon les talents que Dieu leur avait donnés, et *qu'il était impossible qu'ils ne fussent pas engagés dans les charges militaires*, aussi bien que dans les autres ».

Autrefois, le prêtre était partout, faisait de tout ; aujourd'hui, il semble qu'il ne doive plus être que prêtre, et les catholiques eux-mêmes, trouvant bon, en général, que la vie laïque, sous toutes ses formes, soit interdite à leurs pasteurs, ne peuvent agréer que ceux auxquels ils refusent l'exercice des droits soient assujettis aux devoirs communs des citoyens.

La suppression de l'enseignement religieux dans l'école publique ne sera pas non plus sans donner matière à quelques mécomptes. Le Parlement qui a voté la loi sur l'instruction primaire s'est laissé séduire par l'idée d'une impartialité surnaturelle, non seulement entre les différentes religions, mais encore entre ceux qui ont une religion et ceux qui n'en ont pas.

Il a bien obéi aussi, il n'en disconvient pas, au désir de porter un coup détourné au culte catholique. Or ce coup ne portera sans doute pas et cette impartialité ne pourra se soutenir; on commence à s'en apercevoir.

Ce n'est pas qu'il n'y ait sujet de discuter longtemps sur le rôle qui, avec le régime de l'instruction obligatoire, appartient au maître officiel payé par le budget et sur celui qui revient aux ministres des cultes. Il est des pays où les évêques repoussent ce que nos évêques demandent. A nos portes, le clergé belge proteste avec énergie, en ce moment, contre l'obligation imposée par l'État aux instituteurs publics de donner à leurs élèves l'instruction religieuse; il juge ces fonctionnaires incompétents; tandis que le clergé français, au contraire, estime que les mêmes instituteurs devraient être chargés de cette besogne.

Il est possible que, chez nous, beaucoup de curés se soient reposés volontiers, jadis, sur le maître ou la maîtresse d'école du soin de faire apprendre aux enfants le catéchisme, qu'ils se soient bornés à exercer à cet égard une surveillance parfois un peu indolente. La loi nouvelle les a réveillés et stimulés; l'Église a senti le danger qui la menaçait et, du haut en bas de sa hiérarchie, elle s'est appliquée à y faire face. Le résultat aura donc été de substituer, pour la pédagogie spirituelle, un ministre du culte, dont la responsabilité est fortement en jeu, dont l'amour-propre est piqué au vif, à un éducateur civil qui, très certainement, n'y apportait pas la même ardeur. Est-ce bien là le but que s'étaient proposé les législateurs de ces dernières années ?

Quant à la neutralité rêvée, la pratique en apparaît hérissée de difficultés insolubles. Un enseignement primaire, ne pouvant être que l'exposé de conclusions très simples, consiste à faire connaître aux jeunes Français de sept à treize ans ces éléments qui, dans chaque science humaine, sont d'un accord commun. Il s'arrête au point où la controverse commence; mais en morale, où la controverse commence dès le début, comment le magister, qui ne peut s'empêcher de parler morale, puisque cette science figure en tête du programme scolaire, s'y prendra-t-il pour en parler avec la laïcité légale? Cette situation a frappé de hauts esprits contemporains, placés pourtant à grandes distances les uns des autres dans l'horizon politique.

En pratique, l'instituteur enseigne la morale populaire courante du XIX° siècle ; il n'en pourrait enseigner d'autre, ni même élever des doutes philosophiques sur celle-là, sans soulever des réclamations unanimes et sans risquer de perdre sa place. Et cette morale n'est autre que la pure morale chrétienne, moins le Christ; la majorité, qui a voulu l'école neutre, ne permettrait donc pas qu'elle le demeurât ici. Ce sacrifice aux usages n'a pas été le seul. Dans les départements, dans les localités où les électeurs sont à la fois républicains et religieux, l'opinion a été plus forte que la législation ; on a dû fermer les yeux, encourager même l'enseignement du catéchisme fait en classe par le maître officiel.

Il est donc arrivé qu'on a mécontenté les catholiques et qu'on n'a pas atteint, qu'on n'atteindra pas le catholicisme par cette loi. On n'a pas mieux réussi avec les retranchements progressifs que l'on a fait subir au budget des cultes. Les Chambres ont pu, à la vérité, faire ces modifications budgétaires, comme ces changements militaires, scolaires ou autres, sans violer en quoi que ce soit ni la lettre du Concordat, ni l'interprétation que l'on en peut donner. La cour de Rome le sait, et comme elle pratique, par tradition autant que par nécessité, cette maxime turque « qu'il ne faut jamais finir le jour ce qu'on peut remettre au lendemain », elle garde le silence et ne brusque rien.

Les évêques l'imitent en cela. Que pourraient-ils répondre à des reproches comme celui-ci : Un petit *tract* de librairie anticléricale fait connaître que l'évêché d'Angers a huit cuisines, que celui de Rodez en a douze, celui de Cambrai quatorze, celui de Vannes dix-huit et celui d'Arras *vingt-quatre*…. Il

conclut de cette intéressante révélation :
« Vingt-quatre cuisines dans un évêché ! voilà qui donne une haute idée de l'austérité épiscopale ! » Si bien que l'homme primitif, et affamé peut-être, auquel ces sortes de publications sont destinées, se figure aisément une sorte d'image d'Épinal où des ogres et des gargantuas fantastiques, en soutanes multicolores, avalent des gigots entiers sans les mâcher et répandent pêle-mêle, dans leurs gosiers mitrés, le contenu de tonneaux et de marmites innombrables !

Les rapporteurs parlementaires sont plus réservés, mais il faut reconnaître que leurs chicanes enfantines, leur affectation d'un goût douteux à discuter l'achat d'ornements épiscopaux, la réparation de la crosse de tel prélat et du fourneau de tel séminaire, ne sont pas en contradiction avec le document diplomatique de 1801, puisque l'on pourrait réduire l'allocation cultuelle, non à 46 millions, ainsi qu'on l'a fait, mais aux 4 ou 5 millions seulement qu'elle atteignait dans les années qui suivirent le Concordat, sans donner prise à une rupture avec la papauté. On pourrait même aller plus loin et descendre plus bas, puisque les expressions concordataires : « traitement *convenable* assuré aux évêques et aux curés », sont d'une élasticité à toute épreuve.

C'est dire que, pris isolément, le traité lui-même, malgré l'importance qu'on lui attribue, signifie peu de chose, ne garantit et n'oblige à presque rien. « Il faudrait bien se persuader, écrivait dans un journal officieux un député influent, que le budget des cultes n'a qu'une seule et unique défense : l'intérêt que la République trouve à le conserver.... Quel est le plus favorable à l'État républicain, de continuer à payer ou d'abandonner l'Église à la charité des fidèles? »

Plaçons-nous donc sur ce terrain ; envisageons ce point de vue simplement pratique, et recherchons l'intérêt de l'État républicain. Nous verrons que son intérêt est de distinguer la « politique laïque » de la « politique antireligieuse », puisque la confusion de l'une avec

LES CULTES. 263

l'autre a jeté tant d'âmes catholiques dans une sorte d'insurrection latente. Pour faire cette distinction, il lui suffirait, d'une part, de remplacer le budget des cultes par l'inscription au grand-livre de la Dette publique d'une rente perpétuelle, au nom de l'Église de France, égale à ce budget et représentant les biens qui ont été confisqués en 1790 ; d'autre part, de soumettre le clergé à la loi commune, lui conférant les droits et le soumettant aux charges de tous les citoyens sans qu'il puisse être l'objet ni d'un privilège, ni d'une vexation.

V

A cette évolution profitable, deux partis extrêmes s'opposent. « L'ennemi le plus redoutable de nos institutions, dit M. Madier de Montjau, dans un discours public, le seul qui existe encore, c'est le cléricalisme, qu'il faut appeler par son vrai nom : le *catholicisme*, sans lequel la République marcherait triomphante... » L'orateur conclut à l'anéantissement de cet ennemi. Voilà la doctrine de l'un des deux partis, et voici la doctrine de l'autre, formulée par M. Chesnelong, dans un discours également public : « Cette union, je pourrais dire cette solidarité providentielle de la France avec l'Église du Christ qui fut, à travers les siècles, la marque de sa vocation et l'honneur de sa destinée, les sectaires de nos jours voudraient la briser, et ils conduiraient ainsi notre cher et noble pays à l'abdication de sa vraie grandeur, au reniement de son histoire. »

Ces périodes, inévitables à tout homme d'État parlant dans un cirque, un théâtre, et tout autre grand local où se rassemblent des gens, animés d'un même esprit, pour entendre affirmer leurs idées avec éloquence, sont les cris belliqueux qui retentissent sur les champs de bataille, ce n'est pas l'idiome des terrains pacifiques où aiment à se rencontrer les négociateurs.

Il ne faut pas attendre que l'Église accepte *en théorie* la liberté des cultes, à plus forte raison la séparation des cultes d'avec l'État. Le *Syllabus* anathématise, comme erreur coupable, cette proposition « qu'à notre époque il n'est plus utile que la religion catholique soit considérée comme l'unique religion de l'État, à l'exclusion de toutes les autres »; il condamne également ceux qui avancent que « la loi a eu raison, dans quelques pays catholiques, de donner aux étrangers qui s'y rendent la jouissance publique de leurs cultes particuliers ».

Il est heureusement avec le *Syllabus* des

accommodements, car le pape Pie IX, à qui nous devons ce *compendium* célèbre, n'a jamais songé pour son compte à interdire le libre exercice du protestantisme, ni même du judaïsme, dans les États romains. Mais la théologie nous apprend que, tout en affirmant la *thèse*, on doit savoir se contenter de *l'hypothèse*, et accepter des merles là où les grives font défaut. Ces principes sur la protection due à l'Église par l'État, que le *Syllabus* a rafraîchis, qui ont si fort irrité les libres penseurs, et si prodigieusement déconcerté la plupart des catholiques, ne sont pas d'ailleurs une nouveauté dogmatique.

Bossuet, dont feu M. Guichard, député de l'Union républicaine, aimait à s'inspirer dans la confection des rapports canoniques qu'il présentait au Parlement, nous déclare que « l'Église doit avoir, comme la Synagogue, ses David, ses Salomon, dont la main royale lui serve d'appui », qu'elle a « appris d'en haut à se servir des rois et des empereurs pour faire mieux servir Dieu, donner une force plus présente et un soutien plus sensible à sa discipline… » Il est nécessaire, selon lui, que l'État mette au service de la religion sa puissance répressive, poursuive et punisse les hérétiques comme les voleurs, les impies comme les meurtriers : « Que ceux qui n'ont pas la foi assez vive pour craindre les coups invisibles de notre glaive spirituel tremblent à la vue du glaive royal… »

C'est ainsi que l'Église entendait « la concorde du sacerdoce et de l'Empire », aux derniers siècles ; c'est encore ainsi qu'elle l'entend de nos jours. Jamais elle n'admettra en principe « le culte libre dans l'Etat libre », qu'elle appelle « l'athéisme légal » et qu'elle juge « contraire au respect pour la vérité et à la croyance sincère d'une religion quelle qu'elle soit ». C'est le langage d'un prélat qui passe pour fort libéral, et un clerc ne peut en tenir d'autre, il y a là un article de foi.

De sa nature aussi, par fonction, par vocation, l'Église est empiétante. Elle voit surtout dans le monde un passage; sa conception de la vie est très différente de celle de la société laïque; trouvant légitime d'imposer ce qu'elle nomme « le bien », de faire régner « la vérité » qu'elle pense posséder sans partage, elle en conclut, comme M. de Bonald, que, chargée de si grandes choses, « la religion est tout dans un État ». A ses yeux, la législation civile *devrait* se calquer sur la foi religieuse, et non seulement elle ne devrait jamais *forcer* à faire ce que la loi religieuse défend, mais même elle ne devrait pas *permettre* de le faire.

On l'a bien vu lors du vote de la loi qui rétablissait le divorce. Les adversaires de cette loi semblaient oublier que, sous l'ancien régime, alors que l'Église réglait seule le contentieux matrimonial, bien des gens savaient tirer parti des nombreux cas de nullité ecclésiastique, qu'ils parvenaient ainsi très souvent à trouver des points vicieux, des irrégularités machiavéliques, à des unions que l'on eût crues bâties à chaux et à ciment; que le défaut de consentement, ou l'impuissance d'un des conjoints, pour ne parler que de ceux-là, fournissaient à eux seuls de véritables divorces par consentement mutuel, dont on a d'illustres exemples dans le meilleur monde, et que l'annulation d'un mariage par le souverain pontife revenait en somme à sa cassation. Depuis que l'État se fut tracé à ce sujet des règles spéciales, différentes sur plus d'un point de celles de l'Église, depuis 1815 surtout, où le divorce, admis par le Code Napoléon, avait été interdit, il se trouva des catholiques qui furent, selon l'expression ancienne, « démariés » à Rome, et qui ne purent l'être à Paris ; des catholiques qui, désunis par la loi spirituelle, se trouvaient obligés de vivre en état de concubinage, par suite du refus de la loi temporelle de briser leurs liens.

Pour rares que fussent ces cas, rendus possibles par la divergence des deux codes, ils suffisaient à rendre utile aux catholiques la nouvelle disposition législative. D'ailleurs, n'y avait-il pas quelque inconséquence, de la part du clergé, à déclarer que le mariage civil en lui-même ne signifie rien et à faire campagne avec tant d'impétuosité, en 1882, pour empêcher que l'on en changeât les conditions? Cette conduite n'a d'autre raison d'être que la fidélité à la doctrine dont je parlais tout à l'heure, en vertu de laquelle l'État ne peut, sans encourir les foudres de l'Église, autoriser ce qu'elle n'autorise pas. Le cas du divorce, les polémiques qu'il a suscitées, sont une preuve que l'on s'est parfois laissé aller, à droite, à dénoncer comme anticléricaux des actes qui n'étaient, à les considérer de sang-froid, que la mise en pratique de la liberté de conscience.

C'est une voie dangereuse ; on est toujours le clérical ou l'anticlérical de quelqu'un : un brave vicaire de mon département en veut encore à M. Buffet de ce que sous son ministère, en 1875, les pièces du pape ont cessé d'être reçues en France; cette mesure lui paraît l'indice d'une hostilité injurieuse contre le saint-siège. Il m'a été impossible de convaincre cet ecclésiastique que la monnaie qu'il regrettait n'était pas d'un aloi très sûr et que, d'ailleurs, la circulation de l'argent avait dû être limitée par suite de la baisse de ce métal. Pour mon vicaire, M. Buffet aura beau prononcer au Sénat des discours en faveur des congrégations, il restera toujours entaché d'un anticléricalisme relatif.

Heureusement le Vatican voit les choses de plus haut ; il a su plus d'une fois, tout en réservant ses principes, faire dans leur application les sacrifices commandés par les circonstances. Le jour où une séparation honnête et loyale lui serait imposée comme une nécessité de notre politique, il ne refuserait pas de souscrire, en France, à un régime dont il recueille ailleurs d'heureux fruits.

Restent les exagérés de ce groupe militant d'extrême gauche qui élève des autels à l'intolérance. Là, on déclare que « le problème de la séparation de l'Église et de l'État consiste à affranchir la liberté de conscience, et, par conséquent, la liberté de la religion, *mais aussi à se défendre contre l'Église,* qui n'est pas moins ennemie de la liberté de conscience qu'ennemie de l'État ». C'est comme si l'on disait : « Il faut assurer la liberté de penser, mais en exceptant, bien entendu, de cette liberté ceux qui ne pensent pas comme nous. » Un homme politique de cette école, qui depuis a pas mal jeté aux orties le froc jacobin dans lequel il s'est longtemps enveloppé, s'exprimait ainsi : « Il faut bien se garder de confondre deux choses *absolument distinctes :* la liberté religieuse et l'Église. La religion est un sentiment individuel, une vue de l'esprit, l'usage du plus sacré de ses droits ; que chacun parle, pense, écrive donc, avec une indépendance sans limite, sur l'origine et la fin des choses, se forge des dieux à son gré, voilà la liberté de la religion. L'Église, au contraire, est un État, un corps politique ayant ses lois propres... en contradiction irréductible avec les principes de la société moderne. Contre ce pouvoir, la France doit être sur le pied de guerre... » La liberté religieuse ne serait ainsi que la liberté de n'avoir pas de religion ou plutôt la défense de pratiquer aucune religion.

Entre ces deux peuplades guerrières qui campent aux extrémités de l'opinion et demandent au pouvoir : l'une d'extirper les jésuites, l'autre d'exterminer les francs-maçons, les gouvernements sont ballottés, tiraillés sans cesse, portés à favoriser ou à combattre ce qu'ils devraient se contenter d'ignorer. Aucun d'eux n'a l'audace d'appliquer ce régime de la pleine indépendance qui fonctionne avec un succès si éclatant aux États-Unis d'Amérique.

Bien des administrateurs français, de l'espèce bénigne et modérée, sont imbus de cette idée toute monarchique que l'État ne pourrait sans danger laisser vivre dans son sein, à l'état de nature, une grande puissance comme l'Église. Il existe dans notre société démocratique une puissance aussi grande que l'Église, c'est la presse ; l'État l'a réglée, il ne la règle plus. Les choses n'en vont pas plus mal et il s'est enlevé bien des ennuis. Beaucoup de membres du Parlement n'envisagent la séparation de l'État d'avec l'Église que comme une suppression pure et simple du budget des cultes, sans compensation d'aucune sorte pour le clergé. A cet égard, cette séparation paraît aussi désirable aux uns qu'elle paraît redoutable aux autres, selon qu'ils souhaitent ou qu'ils craignent la ruine de l'Église.

Ce serait déjà une question de savoir si l'on ne se trompe pas des deux côtés en croyant qu'une confession religieuse en ce pays et en cette fin de siècle pourrait être prise par la famine. Mais est-il personne de bonne foi pour nier la validité de la créance que le clergé catholique possède sur l'État par suite de la nationalisation de ses biens en 1790? Tout ce que les subtilités historiques et juridiques, mises au service de l'esprit de parti, ont pu inventer depuis cent ans et pourraient inventer encore pour affaiblir le droit moral de l'Église à recevoir une indemnité et le devoir de l'État de la lui fournir, ne tient pas contre le bon sens vulgaire.

Le clergé, séculier et régulier, possédait en 1789 une fortune sur le chiffre de laquelle on n'est pas d'accord. L'Eglise, pour se soustraire au fisc royal, n'était jamais sincère dans les déclarations officielles de ses revenus, que chaque abbaye, chaque évêché, présentaient comme inférieurs à ce qu'ils étaient réellement. L'État, aussitôt qu'il fut devenu propriétaire de cette gigantesque manse ecclésiastique, la laissa fondre entre ses mains ; elle fut dispersée, mangée ou à peu près en dix ans, sans qu'on puisse savoir quelle en eût été la véritable valeur vénale, si elle avait été réalisée par un possesseur ordinaire.

J'ai estimé ailleurs, après examen minutieux des documents, les biens de l'Église, au jour de sa spoliation, à 7 milliards en capital, et à 240 millions environ en intérêts[1]. Ces biens, immeubles pour la plupart, avaient profité de l'énorme augmentation de valeur et de revenu des terres durant les vingt dernières années de l'ancien régime, puisque le clergé était le plus

---

1. Voyez *Richelieu et la monarchie absolue*, t. II, Les biens du clergé.

grand propriétaire foncier du royaume. Il se peut que ces chiffres paraissent exagérés ; ils sont en tout cas beaucoup plus près de la vérité que les indications, volontairement affaiblies, de l'époque révolutionnaire.

Rechercher l'origine de ces biens et chicaner le clergé sur ses titres, comme on a fait parfois, ce serait remettre en question toute la propriété française; celle-là n'était ni plus ni moins solide que les autres ! Presque exclusivement féodale, — le clergé avait plutôt aliéné qu'acquis dans les temps modernes, — elle avait dû se ressentir de la barbarie de l'époque où elle était venue au monde. Sans doute, parmi les innombrables donations qui l'avaient constituée, il y en avait eu dont la régularité était problématique ; des seigneurs, du Xe au XIIIe siècle, avaient pu donner aux églises ce qu'ils n'avaient pas ou ce qu'ils n'avaient plus.

Un laïque gratifiait un monastère de ce qu'il possédait « à droit ou à tort, justement ou injustement ». Les anciens détenteurs, parfois tout récemment dépouillés, n'admettaient pas que le transfert de leur bien à de pieux personnages pût en légitimer le vol. Au lieu du ravisseur, c'était aussi la victime qui, violemment évincée de sa terre, et ayant perdu l'espérance de la recouvrer, se décidait, sans s'imposer par là un grand sacrifice, à transporter ses droits méconnus à un couvent ou à un chapitre qui réussissait toujours à tirer profit de la cession. En 1790, la mort avait depuis longtemps terminé toutes ces querelles, une vingtaine de générations s'étaient succédé, une prescription six ou huit fois centenaire garantissait à chaque établissement religieux la propriété du lot qui lui était échu.

La propriété, mais non la jouissance. Les rois, depuis le Concordat de 1515, avaient su dépouiller l'Église sans la faire crier ; le droit de nomination aux évêchés, concédé par Léon X à François Ier, et l'usage des « commendes », appliqué aux « bénéfices » les plus lucratifs, permettait au souverain de disposer des trois quarts du revenu de l'Église. De là des évêques non résidents ou des pensions assignées à des civils sur les évêchés, de là ces abbés mondains peu édifiants, sur lesquels s'égayait la verve de nos pères, ces collectionneurs de canonicat; et de prieurés, ces « gros décimateurs » qui ne songent nullement à recevoir les ordres ; de sorte que l'Église, être de raison, paraît riche, mais que le clergé pratiquant — curés *portionnés* et moines cloîtrés, — est pauvre, que dans cette ruche sainte ce sont les frelons qui mangent presque tout, et que, par suite du détournement qui en est fait, les biens ecclésiastiques, au lieu d'être une force pour la religion, sont pour la conscience chrétienne une occasion de scandale.

Telle était la situation en 1789 ; cette situation explique, et comment une assemblée telle que la constituante, dont la majorité était à coup sûr religieuse, eut l'idée de mettre la main sur ces biens dont le plus grand nombre était employé d'une façon si contraire aux intentions des donateurs primitifs, et comment l'Église accepta cette confiscation de son capital avec une certaine longanimité.

Les desservants, dont les neuf dixièmes « tiraient le diable par la queue », selon le mot populaire, avec les 500 fr. de ce traitement minimum que l'on persistait à appeler « congru », c'est-à-dire convenable, bien qu'en réalité il ne le fût guère, virent avec plaisir que la nation leur garantissait pour le moins 1,200 fr. par an, dans les plus humbles paroisses (ce qui entre parenthèses en représente aujourd'hui le double), et ce, non compris le logement et le jardin dépendant du presbytère.

L'amélioration matérielle qui leur advenait personnellement dut les inviter à fermer les yeux sur la régularité de cette opération d'État qui consistait à prendre à un corps son capital, avec promesse de lui en servir la rente. Cette violation du droit de propriété n'avait d'ailleurs, dans la pensée de ses auteurs, rien d'antireligieux ; c'était un emprunt forcé, et l'État en usait de même envers les hospices et les écoles dont il versait les trésors dans sa caisse. A ces deux grands services publics comme à l'Église il promettait des moyens d'existence.

Depuis le premier Empire, il n'a cessé de les leur donner, dans une mesure diversement large, comme il les a donnés à l'Église, — à l'église séculière du moins, — sans qu'on puisse dire que celle-ci lui coûte bien cher, puisque le budget du culte catholique, s'élevant aujourd'hui à 43 millions, ne représente que l'intérêt à *un demi pour cent* des domaines qui lui ont été enlevés d'après la valeur de ces domaines avant la Révolution, et d'*un quart pour cent,* si l'on tient compte de la plus-value qu'ils auraient aujourd'hui, par le simple mouvement ascensionnel de la richesse publique.

Soutenir que l'Église ne reçoit ces 43 millions que par la bonne volonté de l'État, qui pourrait cesser demain, s'il lui plaisait, d'allouer un centime, soit parce que la propriété du clergé était une propriété *sui generis*, — comme si toute propriété n'était pas *sui generis*, — que la Révolution a détruite en abolissant l'existence du clergé comme ordre, soit parce qu'à tout prendre le clergé ne serait pas plus fondé à se plaindre que les autres victimes des injustices politiques du passé, depuis les Templiers que l'on rançonna au moyen âge, jusqu'aux princes d'Orléans que Napoléon III avait légalement dévalisés, faire de pareils raisonnements reviendrait à dire : « On vous a volés, mais consolez-vous, vous n'êtes pas les seuls ; avant le vôtre, beaucoup de droits ont été méconnus dans le monde, et il a été commis bien d'autres abus de la force. Avant la faillite de la Révolution, il en avait été fait deux autres par la monarchie, dont aucune n'a été suivie d'un « concordat » ; et de même que l'État maintient la propriété, en règle l'usage et la transmission par ses lois, en prélève sa part par l'impôt, s'en empare contre indemnité s'il le juge convenable, de même il peut se l'approprier sans dédommagement, en vertu de ses « raisons », que la raison n'a pas à connaître et dont il est seul juge. »

Tenir un pareil langage ne serait pas le fait d'un régime qui a, au contraire, le souci de réparer toutes les injustices, qui les répare même avec largesse, témoin les pensions accordées il y a quelques années aux victimes du 2 décembre.

VI

Ce ne serait pas non plus le propre d'un gouvernement qui a souci de la paix morale des citoyens; et c'est parce que « séparation de l'Église et de l'État » est devenue synonyme de « suppression du budget des cultes » que la majorité du Parlement n'ose aborder la « séparation », qui serait une réforme nécessaire, de peur qu'elle ne soit le signal de la « suppression » qui serait une véritable persécution.

Supposons toutefois que l'on entre dans vos vues, diront certains législateurs, que l'on dote le clergé catholique, représenté par l'épiscopat, d'une rente de 43 millions, en lui laissant le soin de la répartir entre ses membres et d'en faire tel emploi qu'il lui conviendra; que, par le même acte, on brise tous les liens qui unissent l'Église à l'État, qu'on économise notre ambassade auprès du saint-siège et notre direction des cultes dont la mission serait désormais inutile, que l'on efface de nos lois tous les articles qui ont pour objet de garantir ou d'imposer quoi que ce soit de spécial à la religion et à ses ministres, que les curés nomment leur évêque avec la même liberté que les francsmaçons nomment leur « vénérable », que les fidèles s'assemblent dans le temple pour prier dans les mêmes conditions que les citoyens se réunissent en un *meeting* pour délibérer, que d'ailleurs les cérémonies extérieures du culte soient soumises aux simples ordonnances de police qui règlent, en pays libre, toutes les manifestations collectives, pensez-vous que cela suffira ?

Que faites-vous du budget fourni par l'État aux protestants et aux israélites ? Et quant au clergé catholique, prétendez-vous lui maintenir l'usage des édifices publics que le concordat lui a concédés ; prétendez-vous lui rendre le droit de posséder et laisser revivre ces biens de mainmorte si odieux à nos ancêtres ?

En ce qui concerne les 3 millions de francs

des cultes non catholiques, sur lesquels la synagogue touche environ 200,000 fr., — il est même assez singulier de voir l'État payer des ministres pour enseigner que Jésus-Christ est le sauveur du monde, et en payer d'autres pour le nier, il semble équitable de procéder à leur égard comme envers les catholiques, de transformer leur budget en titre de rente, et de leur restituer, avec la libre nomination des pasteurs et des rabbins, l'indépendance qu'ils ont perdue. Quoique la Révolution ait traité les protestants mieux que les catholiques, que des décrets de la Constituante et de la Convention aient excepté de la vente des biens nationaux, en plusieurs départements de Franche-Comté et de Lorraine, les domaines des réformés que protégeaient des traités solennels, des spoliations monarchiques les avaient plus d'une fois atteints par ailleurs. Le budget alloué de notre temps à deux confessions protestantes, exclusivement françaises, est, lui aussi, une formule d'oubli du passé.

On en peut dire autant des juifs, ancienne

proie des fureurs populaires et de l'avidité royale; il est bon que leur culte figure au grand-livre pour une indemnité de principe, ne fût-ce qu'en témoignage de respect de notre XIXᵉ siècle pour la liberté de conscience, et comme une protestation nécessaire contre les agissements « antisémitiques » des insensés qui réclament à la fois la justice pour eux et la proscription pour d'autres.

Quant aux bâtiments ecclésiastiques, en 1790, les uns, églises, appartenaient aux paroisses, c'est-à-dire au peuple catholique, qui les avait bâties de ses deniers, les autres, presbytères, appartenaient au clergé. L'État, après s'être emparé des uns et des autres, les restitua aux communes avec obligation de les maintenir affectés aux besoins actuels. Ce que les communes possèdent aujourd'hui, c'est donc simplement une charge, parfois assez lourde; placées dans la situation d'un nu-propriétaire éternel vis-à-vis d'un éternel usufruitier, elles ne jouiront jamais et répareront toujours, du moins pour les gros travaux.

Ne serait-il pas plus juste d'abandonner, moyennant un amortissement de longue durée, aux fabriques, représentants-nés des fidèles, la pleine possession des églises qu'elles restaureraient à leurs frais, risques et périls, et d'en user de même avec le clergé pour les presbytères? Il va de soi que celles de nos cathédrales qui font partie du patrimoine artistique de la France seraient soumises à la même surveillance que les châteaux et autres édifices *appartenant à des particuliers* qui sont aujourd'hui classés parmi les « monuments historiques ».

De ce que les communes et les départements qui consacrent annuellement une vingtaine de millions aux édifices religieux feront l'économie de cette dépense, — et en même temps l'économie des discussions auxquelles elle donne souvent matière, — le jour où ces édifices ne leur appartiendront plus, il ne s'ensuit pas qu'il serait interdit, à un conseil municipal du Morbihan, de subventionner une chapelle, si cela lui plaît, pas plus qu'il n'est défendu au conseil municipal de Paris d'envoyer un secours à des grévistes auxquels il s'intéresse.

Nul n'approuverait, j'en suis sûr, le rigorisme du directoire de la Corrèze qui refusait, en 1791, à une paroisse de son district, le droit d'engager un prédicateur spécial pour le carême, par ce motif que, la nation ayant pourvu elle-même aux frais du culte, « toute commune qui se procurerait des sermons extraordinaires, à prix d'argent, *conserverait des privilèges dans un temps où ils sont abolis* ». Du moment où le clergé rentre dans le droit commun, il n'est pas possible de refuser aux évêchés et aux cures la personnalité civile, et par suite la faculté d'acquérir des immeubles dont jouissent déjà les hospices, les bureaux de bienfaisance et les sociétés commerciales de diverse nature.

« J'ose penser contrairement à une opinion bien générale et fort solidement établie, écrivait Tocqueville, que les peuples qui ôtent au clergé catholique toute participation quelconque à la propriété foncière, et transforment tous ses revenus en salaires, ne servent que les intérêts du saint-siège et se privent eux-mêmes d'un très grand élément de liberté. Un homme qui, pour la meilleure partie de lui-même, est soumis à une autorité étrangère, et qui, dans le pays où il habite, ne peut avoir de famille, n'est pour ainsi dire retenu au sol que par un seul lien solide, la propriété foncière. Tranchez ce lien, il n'appartient plus en particulier à aucun lieu. Dans celui où le hasard l'a fait naître, il vit en étranger, au milieu d'une société civile dont presque aucun des intérêts ne peut le toucher directement. »

Beaucoup de nos contemporains s'imaginent que le lendemain du jour où l'Église serait autorisée à avoir pignon sur rue, comme une simple compagnie d'assurances, il se trouverait une foule de bonnes âmes pour léguer à « monseigneur » ou à « monsieur le curé » des fortunes entières ; beaucoup voient dans les sacristies des gouffres béants où l'épargne nationale irait d'elle-même s'engloutir. Qu'ils se rassurent ; les séminaires et les fabriques sont à même, depuis 1801, de recevoir des donations régulières ; cependant, les revenus immobiliers des fabriques ne s'élèvent pas à 3 millions (à peu près 70 fr. pour chacune) et ceux des séminaires vont seulement à 1 million. Au contraire, les congrégations, la plupart du moins, ne peuvent être l'objet que de libéralités irrégulières, illégales en quelque sorte ; elles possèdent néanmoins 35 millions de rente.

Les fidèles agissent à leur guise, les facilités comme les prohibitions de la loi ne paraissent pas les influencer beaucoup. Craint-on que la richesse, lors même que l'Église y parviendrait, la puisse armer contre l'État d'une force redoutable ? Ne voit-on pas le faible rôle que joue, dans notre démocratie, la possession du sol, le mince appoint qu'elle apporte à l'autorité particulière d'un homme ou d'une caste ? On citerait, dans tous les partis, des seigneurs de 10 millions fonciers qui ne parviennent pas à représenter leur canton au conseil général. Je ne crois donc pas que l'opulence de ses membres donnerait une prépondérance dangereuse à l'Église, ni que l'Église atteindrait, d'ailleurs, quoique libre d'acquérir, à cette opulence immobilière que l'on redoute.

Et je le regrette. Nous ne sommes plus en 1849 où M. Jules Grévy pouvait dire avec une vertueuse indignation : « Les biens de mainmorte portent le plus grave préjudice à la richesse nationale, parce qu'ils ne produisent pas le tiers de ce que produisent les biens possédés par les particuliers. » Il y a des biens de mainmorte très divers, et ceux que M. Grévy trouvait improductifs, sont des biens laïques, les communaux. Pour les biens des communes, le rapport de la valeur à la contenance est comme 60 à 100, il est comme 2,000 à 100 pour les biens des congrégations.

Ce qui est nuisible à l'agriculture, ce n'est pas la *propriété* collective, c'est la *jouissance* banale du sol par un grand nombre d'individus. Les biens sont-ils donnés à bail à un particulier, chacun devine que les associations, fussent-elles religieuses, ne loueront jamais leurs fermes au-dessous du prix qu'elles en pourront trouver. Il importe donc fort peu à l'agriculture que la portion du sol français, absorbée par la propriété collective, — *vulgo* la mainmorte, — soit, comme aujourd'hui, de 4,900,000 hectares (sur lesquels 4,550,000 appartiennent aux communes), ou qu'elle s'élève d'un tiers ou de moitié. Il n'importe pas davantage au gouvernement, puisqu'il frappe ces biens d'un impôt supplémentaire, équivalent aux taxes de mutations dont il est frustré; ce qui, avant 1789, irritait le public contre cette mainmorte, c'est qu'elle était parvenue à se soustraire à peu près aux droits.

Mais il importerait beaucoup aux détenteurs de biens ruraux, grands et petits, que le nombre des terres sur le marché allât en diminuant par le développement d'une catégorie de gens qui chercheraient toujours à acheter de la terre et répugneraient à en vendre ; et il importerait surtout à la nation, dans la période de crise agricole où nous sommes entrés, que le nombre des propriétaires, autrement dit des producteurs, qui dépasse 3 millions, fût moins grand, que, par suite, leurs plaintes excitassent moins d'intérêt, eussent moins d'autorité, afin que le législateur ne fût pas obligé de leur sacrifier, comme il va le faire, par l'élévation des droits de douane, l'intérêt des consommateurs. L'extension de la mainmorte, bien loin d'être menaçante, mériterait ainsi de passer pour un bienfait, puisqu'elle contribuerait indirectement au bon marché de la vie.

Mais c'est dans son ensemble que l'émancipation de l'Église serait avantageuse à l'État. Ces deux associés, à qui chaque jour révèle davantage leur incompatibilité secrète, entre lesquels la vie commune suscite sans cesse de nouvelles causes d'inimitié, cesseraient d'être ennemis en devenant étrangers.

La République, n'ayant plus mission de protéger la religion comme le Concordat semble lui en faire un devoir, n'aurait plus l'air de la persécuter, quand elle affecte de ne pas la connaître ; et l'Église, une fois son parti pris de l'indépendance, abandonnerait vis-à-vis de la République l'hostilité qu'on lui reproche. La force du sacerdoce ne peut plus être qu'une force d'influence ; dans une société politique reposant sur l'opinion nationale, toute influence a le droit d'exercer sa force, toute force d'influence, chaire, tribune ou journal, est légitime.

Que l'Église française développe la sienne, c'est son droit, elle n'en peut avoir de plus précieux. Qu'elle regarde derrière elle, dans l'histoire, ce que le pouvoir absolu avait fait de la religion au sein des monarchies catholiques ; qu'elle compare la décadence jadis lamentable du catholicisme en Espagne avec les brillants modèles qu'il offre aux États-Unis d'Amérique, à l'ombre de la liberté ; elle verra que, si les religions d'État ont fait leur temps, le champ ne demeure pas moins vaste aux apôtres de l'avenir.

CHAPITRE IV

L'EXTENSION DU FONCTIONNARISME DEPUIS UN DEMI-SIÈCLE

La catégorie des fonctionnaires civils, en activité ou en retraite, se compose, d'après le dernier recensement de la France, d'environ 1 million de sujets, y compris les femmes, les enfants et les domestiques des titulaires. Sur 37 personnes qui passent dans la rue, il y en a donc une en moyenne qui, directement ou indirectement, vit du budget, c'est-à-dire de la bourse publique, et dont la destinée en ce monde consiste à s'occuper des affaires des autres.

A ce million de gens consacré aux besognes pacifiques s'ajoute plus d'un demi-million réservé aux soins de la guerre, sur terre ou sur mer. Il est ainsi, sur notre sol natal, 1 individu sur 24 (soit 4 pour 100) chargé de confectionner nos lois, de juger nos différends, d'arrêter nos malfaiteurs, de signer des traités, de prendre part aux batailles, de nous instruire et de nous faire payer l'impôt.

C'est une grosse proportion ; il ne serait pas sans intérêt de la comparer à celle des États voisins, mais ceci me mènerait trop loin ; d'autant que l'on pourrait toujours soutenir avec vérité cette thèse que, si la France a plus de serviteurs que tel ou tel autre pays, c'est aussi qu'elle est mieux servie, et que le Français de 1891 vit plus heureux et plus libre, par exemple, qu'un citoyen de l'État indépendant du Congo, — le dernier venu dans l'Almanach de Gotha, — qui, avec 27 millions d'habitants, n'a que 2 millions de budget et 83 fonctionnaires.

Dans notre Europe, où les besoins ont augmenté avec la civilisation, il semble qu'il ne devrait y avoir entre les budgets des différents

L'EXTENSION DU FONCTIONNARISME.   297

peuples d'autre cause de diversité que le plus
ou moins d'étendue de leur territoire, la densité plus ou moins grande de leur population,
et le pouvoir plus ou moins élevé de l'argent,
— le coût de la vie..

Mais comme la richesse publique n'est pas
la même en Espagne, en Russie, ou en Autriche, qu'en France ou en Angleterre, les nations
sont vis-à-vis les unes des autres comme des
particuliers qui proportionnent leur train à
leur fortune. Il est admis que la France peut
tenir sa maison sur un bon pied, se permettre
même un luxe interdit à quelques-uns de ses
voisins ; s'ensuit-il de là que le chiffre et le
traitement de notre personnel puissent être sans
limites, comme si notre caisse était sans fond ?

Comparons la France à elle-même : il y a
soixante-dix ans (1822), nous dépensions 950
millions; nous en dépensons aujourd'hui 3,600.
Notre territoire est resté le même à 200,000
hectares près; notre population n'a crû que de
7 millions, soit un cinquième à peine, pendant
que nos frais quadruplaient. Pour que les

charges fussent les mêmes en 1891 qu'en 1822, il ne faudrait pas que le budget dépassât 2 milliards au maximum, *en tenant compte de la valeur relative de l'argent aux deux dates*. En effet, 950 millions de francs, payés par 30 millions d'hommes, correspondent à 1,200 millions qui seraient payés par 37 millions de contribuables ; d'autre part, 1,200 millions en 1822 équivalent, à peu de chose près, à 2 milliards de 1891, par suite de l'augmentation des prix, dans leur ensemble, évaluée par les économistes à 66 p. 100.

Les services publics reviennent ainsi, tout compte fait, à 80 p. 100 de plus qu'ils ne coûtaient il y a deux tiers de siècle. Cette prodigieuse augmentation est récente. En 1847, le budget ne montait qu'à 1,600 millions, et en 1851 qu'à 1,450, et comme la population était, en 1851, de 35 millions, et que le pouvoir de l'argent avait déjà fort baissé depuis 1822, on peut dire que la France, au début du second Empire, n'était pas plus chère à administrer qu'à la fin du règne de Louis XVIII.

La monarchie de Juillet avait fait de bonnes choses avec peu d'argent. De 1851 à 1870, la France continua à faire des placements avantageux : ports, chemins de fer et routes vicinales ; mais elle fit aussi des spéculations désastreuses : trois ou quatre guerres entreprises, selon le mot du souverain d'alors, « pour une idée », et même pour plusieurs, vinrent gonfler la dette. De 1,450 millions, le budget monta à 2,200 (1869). C'était certainement beaucoup plus que l'accroissement de la richesse publique et de la population (38 millions d'habitants au lieu de 35). Il est vrai que notre patrie occupait 1,300,000 hectares de plus qu'en 1851, et que 1,300,000 hectares exigent naturellement un supplément de juges de paix, de cantonniers, de sous-préfets, de gendarmes. La charge réelle étant toutefois plus lourde en 1869 qu'en 1851, l'opposition avait raison de dire que le Trésor public, mandataire et collecteur des bourses privées, était trop exigeant. En ce temps-là, plusieurs trouvaient les finances un peu louches aux mains des suppôts du despotisme, et M. Jules Ferry publiait les *Comptes fantastiques d'Haussmann*.

On faisait remarquer qu'il est dans les monarchies de certains errements, de fâcheuses routines, auxquelles s'abandonnent trop volontiers des gouvernants qui n'ont que peu ou point de contact avec les gouvernés ; que les députés, contrôleurs nés du pouvoir, n'avaient pas, issus comme ils étaient de la candidature officielle, l'indépendance voulue pour ouvrir la bouche toute grande, et flétrir le favoritisme, la multiplication des places et l'exagération de traitements dont bon nombre étaient inutiles. Tel était le langage des adversaires de l'Empire en 1869.

De sages et hauts esprits avaient blâmé, dès la deuxième République, l'extension démesurée du personnel public. « En examinant l'ensemble de l'administration du pays, disait Berryer dans son rapport sur la loi de finances (1850), nous sommes obligés de signaler la ruineuse multiplicité des fonctions et des emplois, que nous voyons s'accroître périodiquement, et qui appellent trop d'hommes, au moment de leur entrée dans la vie, à solliciter de l'État une existence bornée, mais commode et sûre. Ainsi se perdent l'énergie et l'honorable indépendance de l'homme obligé d'assurer par lui-même son avenir ; ainsi s'éteignent trop de capacités qui auraient pu honorer et servir plus utilement le pays ; ainsi s'augmente pour les contribuables la charge de ces existences auxquelles il faut pourvoir, sans obtenir de leur travail une valeur égale à ces rémunérations accordées en trop grand nombre. »

Un peuple de solliciteurs, s'écriait Montalembert quelques années plus tard, est le dernier des peuples. « Il n'y a pas d'ignominies par où on ne puisse le faire passer. Le désir immodéré et universel des places est la pire des maladies sociales ; elle répand dans tout le corps de la nation une humeur vénale et servile qui n'exclut nullement, même chez les mieux pourvus, l'esprit de faction et d'anarchie. » Le parti auquel appartenait cet homme d'État avait conformé, c'est une justice à lui rendre, sa conduite à ses doctrines.

Depuis ces « bancs laborieux et gratuits » où siégeaient les pairs et les députés de 1847, jusqu'aux plus humbles des situations officielles, l'État ne cherchait pas à attirer à lui, par l'appât du gain, les forces de la nation. Les conseillers de cour d'appel et la plupart des sous-préfets touchaient 3,000 fr., les juges de paix 1,200, les recteurs d'université 6,000. Les fonctionnaires, beaucoup moins nombreux qu'en 1869, suffisaient à leur tâche, et le pays paraissait, sous Louis-Philippe, suffisamment administré, nullement livré à la barbarie, ni même en proie au désordre. Les assemblées républicaines, après 1848, avaient même trouvé matière à plus de 150 millions d'économies sur le chiffre de 1,600 millions, et cela tout en augmentant la dotation de l'instruction publique et celle de l'agriculture.

L'Empire accrut singulièrement le nombre et l'importance des traitements, par un travers commun à tous les gouvernements qui veulent être aimés pour eux-mêmes, et qui espèrent tirer quelque force des créatures qu'ils entretiennent jusque dans les recoins les plus obscurs du budget. De 1847 à 1869, les salaires des agents diplomatiques et consulaires avaient augmenté de 2 millions, ceux des magistrats de 6 millions. Durant ces vingt-deux ans, les dépenses de l'instruction primaire s'étaient élevées de 15 millions, celles de l'enseignement secondaire ou supérieur de 5 millions ; on payait 4 millions de plus pour l'administration départementale, et 16 millions de supplément pour les prisons et la police, qui, du reste, on en convient, n'était pas mal faite.

Dans le budget de 1869, beaucoup de gens, vivants encore aujourd'hui, voyaient force retranchements à opérer, mais personne, que je sache, ne trouvait aucun service public en souffrance. Ce sont cependant les mêmes services qui coûtent actuellement 3 milliards et demi. De ces 1,300 millions d'accroissements doivent être, il est vrai, déduits les frais de la guerre de 1870. Né de la défaite, le nouveau régime dut, à peine formé, récompenser les vainqueurs, indemniser les vaincus et parer au retour de nouveaux désastres : de là un surplus de 600 à 700 millions de charges, qui, moralement, incombent à Napoléon.

Mais cette augmentation pouvait n'être que temporaire ; une ère nouvelle s'ouvrait : le pays allait se gouverner lui-même. Ne voyait-on pas, de l'autre côté de l'Atlantique, une grande République, sœur aînée de la nôtre, au sortir d'une lutte sauvage où son existence même fut en péril, et auprès de laquelle notre campagne de 1870-1871 était peu de chose, relever ses finances et rembourser sa dette ?

L'entreprise n'était pas impossible, puisqu'il y a quelques années nous entendions le président des États-Unis déclarer ne savoir que faire de l'or dont il avait les mains pleines. A la même heure, nos ministres cherchaient partout cent pauvres petits millions pour mettre d'aplomb notre budget. En effet, tandis qu'en Amérique on n'a cessé de chercher ce qu'on pouvait bien économiser, ici on s'est pendant quelque temps creusé la tête pour savoir ce qu'on pourrait bien dépenser ; on a jeté l'argent national par bien des fenêtres, on a même percé de nouvelles fenêtres pour y jeter encore un peu d'argent. Toutefois, l'extension du fonctionnarisme, la moins justifiée de toutes les dépenses, ne remonte pas à plus de dix ans.

L'Assemblée nationale avait bien géré ; la dette avait passé de 600 à 1,200 millions, les budgets de l'armée et de la marine de 640 à 680 ; mais, on économisait une quarantaine de millions sur les traitements des hauts fonctionnaires, de la diplomatie, du chef de l'État, et l'on consacrait 200 millions par an à l'amortissement.

De 1877 à 1884, au contraire, il semble qu'un goût d'émulation, de surenchère, se soit emparé de ceux à qui nos intérêts sont confiés ; c'est à qui s'est montré le plus grand seigneur dans la profusion de serviteurs que l'on a donnés à la nation. Un fils de famille qui aurait agi comme les représentants du peuple français pendant cette grasse période eût été doté d'un conseil judiciaire ; mais, l'exagération des dépenses satisfaisant d'abord beaucoup plus d'électeurs qu'elle n'en irrite, il fallut de longues années pour que l'on s'aperçût qu'il était impossible de « demander plus au budget et moins au contribuable », selon le mot plaisant de M. Henri Germain. Depuis, des périodes difficiles sont venues, on a rebroussé chemin, on a fait de louables efforts dans la voie de l'économie ; mais nous n'en restons pas moins lourdement grevés encore.

Le total des traitements *civils* sujets à retenue, qui était en 1852 de 153 millions et en 1870 de 253 millions, s'élevait à 279 millions en 1876. Il monte à présent à 400 millions, auxquels s'ajoutent 100 millions de solde des officiers. Les pensions de retraite, — appointements des fonctionnaires hors de service, — qui étaient en 1869 de 78 millions, et en 1875 de 100 millions, conséquence de la guerre, s'élèvent en 1891 à 200 millions, conséquence d'une gestion imprudente. Tantôt on a, par une prodigalité peu méritoire, augmenté le taux de ces pensions ; la Chambre a trouvé tout naturel qu'un pharmacien militaire inspecteur reçût plus que le premier président de la Cour de cassation, et que le vétérinaire de 2ᵉ classe fût doté de retraites plus fortes que l'ingénieur en chef ou le président de Cour d'appel ; tantôt les ministres et les députés ont multiplié le nombre des retraités, par les renvois anticipés d'agents antipathiques à leurs personnes.

Ministre des finances, M. Léon Say déclarait, il y a huit ans, qu'il fallait avoir passé par les affaires pour avoir une idée du nombre de gens dont la révocation était demandée par ceux qui voulaient les remplacer. « Jamais, disait-il, l'abus des recommandations n'a été poussé aussi loin que depuis quelques années ; cela ressemble à l'ancien régime. » Et, vers la même époque, M. Barthélemy Saint-Hilaire, ministre des affaires étrangères, se plaignait, dans une circulaire officielle, aux agents placés sous ses ordres, de ce que « l'administration publique fût gênée dans toutes ses branches par des sollicitations de tout genre, venant de personnes plus ou moins haut placées... C'est un désordre contre lequel, ajoutait-il, on n'a pas suffisamment essayé de réagir ; et ce mal est d'autant plus répandu en France que le nombre des emplois publics est plus grand ». En fait, beaucoup trop de fonctionnaires ont été renvoyés sans qu'on puisse alléguer contre eux de sérieux griefs professionnels, mais simplement parce que leur place avait été prise en goût, ou leur personne en aversion, par tel individu bien en cour.

La cour du peuple est une cour plus vaste que celle d'aucun monarque. La cour du Palais-Bourbon, celle du Luxembourg, ont leurs favoris, leurs flatteurs, leurs maîtresses, leurs folies, leurs ignorances, partant leurs abus, presque autant que la cour d'un seul homme. Cependant, en un pays où le gouvernement change si souvent, il est à désirer que les serviteurs publics demeurent. La législature de 1877-1885 n'a donc pas tenu ici tout ce qu'elle promettait. Elle l'a tenu moins encore dans la réalisation de ce programme de « gouvernement à bon marché », que les réformateurs de 1869 faisaient miroiter aux yeux de la génération nouvelle, et que la démocratie devait nous donner un jour.

Dans un pays déjà plus gouverné et plus administré qu'aucun autre en Europe, non seulement on n'a supprimé aucun emploi, mais on en a accru singulièrement le nombre, et on a augmenté les émoluments des anciens et des nouveaux. Cependant la France de 1884 était la même que celle de 1869, elle n'avait pas un habitant de plus, elle avait trois départements de moins ; et la vie était moins chère que douze ans avant, puisque le prix de tous les objets de première nécessité avait, comme le prouvent les statistiques, subi une baisse sensible.

A qui fera-t-on croire que les besoins de services restés les mêmes de 1870 à 1883 aient forcé les différents ministres de porter de 22 à 31 millions les dépenses de leurs bureaux ? D'une date à l'autre, il a été créé, dans les administrations centrales, 11 directions nouvelles, 19 postes de sous-directeurs, 51 places de chefs de bureaux, 74 de sous-chefs ; on était arrivé à une proportion inadmissible entre ceux qui dirigent ou surveillent le travail et ceux qui l'exécutent. Ainsi, aux Beaux-Arts, 30 chefs pour 70 employés ; aux cultes 20 chefs pour 31 employés ; aux contributions indirectes, 11 pour 19 ; 36 pour 42 à l'enregistrement ; 11 pour 22 aux manufactures.

Et si l'on descend dans le détail de la composition des bureaux, on en trouverait où le nombre des chefs égalait celui des employés. Pour rétablir la proportion, cet état-major ne demandait qu'à se faire entourer de soldats, et pour justifier la présence des généraux, on avait augmenté l'effectif des subalternes. Le chiffre de 31 millions donné plus haut n'est même pas exact, puisqu'il faut y joindre les prélèvements faits, pour le paiement du personnel, sur le crédit de certains services. On ordonnance ainsi, sous le nom de travaux extraordinaires, de véritables appointements. Puis, à côté des violations réelles de la loi, il y a les moyens de la tourner : les sous-chefs nommés chefs adjoints, les employés « faisant fonction de sous-chefs », et, à côté de cela, l'avancement hiérarchique arrêté et la position des petits restant précaire. « Il serait temps de mettre fin à ces abus », disait M. Ribot dès 1882.

L'année suivante, la commission du budget se borna à demander à la Chambre de manifester sa volonté d'opérer des réformes devenues urgentes. La Chambre prescrivit l'étude d'une réorganisation des bureaux, par décret rendu en Conseil d'État. Mais le Conseil d'État enregistra ce qu'on lui soumit sans observation, et les ministres ne firent que consacrer les abus par un acte solennel.

Certes, depuis cinq ans, on a porté remède à quelques-unes de ces mauvaises pratiques, mais il reste beaucoup à faire.

La dépense du matériel avait augmenté de près de moitié. Aujourd'hui, un employé de ministère coûte à l'État, pour chauffage, éclairage et papiers, un chiffre moyen de 300 fr.

par an. A l'intérieur, il coûte 450 fr.; aux affaires étrangères, 460 fr.; à la justice, 540 fr. Il y a vingt ans, au ministère de la guerre, la provision de bois de l'hiver suivant remplissait, chaque été, la moitié de la cour de la rue Saint-Dominique; peu à peu le tas a envahi la cour tout entière; maintenant il monte à la hauteur de l'entresol. Dans ce même ministère, on avait imaginé, sous le général Boulanger, de faire photographier, par ordre, aux frais du Trésor, tout le personnel, — un millier d'individus, — depuis le ministre jusqu'aux portiers, sous le prétexte que ces photographies, d'ailleurs dénuées de toute ressemblance, serviraient à reconnaître, en cas de guerre, ceux qui ont le droit de pénétrer dans l'immeuble. Ailleurs, des ébénistes officiels, employés à l'année, n'ayant pas une occupation suffisante, travaillaient pour le compte du ministre.

Les huissiers, garçons de bureau, hommes de peine, frotteurs, lingères, croissent naturellement avec le personnel. Ils sont plus de 1,100 pour les ministères actuels. C'est aussi une conséquence du logement concédé aux fonctionnaires publics dans les bâtiments de l'État. La loi de 1871 décidait que tous les employés logés aux frais de la nation cesseraient de jouir de ces appartements. Elle n'exceptait que les concierges et agents préposés à la garde du matériel. Elle n'a jamais été abrogée, et voici comme on l'exécutait : aux finances, il ne devrait y avoir que 4 portiers, il y avait en outre en 1886, 44 agents occupant 154 pièces.

Aussi, quoique trois directions générales aient été depuis détachées du ministère et installées au dehors, la place manquait pour tous les services. Il en était de même ailleurs. Le Gouvernement s'est ému, trouvant que les logements étaient devenus excessifs ; une commission de revision a été nommée, et a reconnu qu'au lieu des 100 à 200 concessions qui auraient dû être faites, il y a, tant en France qu'en Algérie, 4,000 à 5,000 directeurs, caissiers, archivistes, chefs de bureau, ouvriers, logés dans des immeubles nationaux, sans que leurs fonctions l'exigent. Des conservateurs et surveillants de musée, dont la concession est motivée par une présence soi-disant indispensable auprès des collections, sont effectivement logés, mais fort loin : ceux du Louvre habitent les écuries de l'Alma, voisines du Champ de Mars.

Et comme une faveur en appelle une autre, l'habitation entraîne l'éclairage et le bienfaisant chauffage. Dans l'armée, il est fait une retenue proportionnelle sur la solde de tous les officiers logés ; dans le service civil, le loyer est purement gracieux. La commission proposa, par l'organe de son rapporteur, M. Escande, de supprimer tout de suite 543 concessions ; c'était une mesure vigoureuse et sage. Sans oser s'y rallier, le ministère, dans la loi de finances de 1887, proposa de ne plus insérer au *Journal officiel* la liste des logements accordés. Au lieu de la réforme, il sembla que l'on voulût faire le silence sur l'abus ; et cette combinaison eût été adoptée, certainement, sans l'intervention d'un député de la majorité.

On se moquait avec quelque fondement, il y a vingt-deux ans, de tous ces budgétivores qui, sous des noms variés, jouissaient d'aimables sinécures. Les prodigalités cachées sous les dehors pompeux de missions, souscriptions, inspections, ont eu depuis tendance à se multiplier.

Notre système administratif comprend, en nombre fort respectable, des hiérarchies d'inspecteurs des finances, des contributions directes, de l'enregistrement et des domaines, des douanes, des contributions indirectes, des tabacs ; des inspecteurs généraux des établissements de bienfaisance, des maisons centrales et d'arrêt, des pénitenciers agricoles, des enfants assistés, des enfants du premier âge, de l'enseignement supérieur, secondaire, primaire, des langues vivantes, des beaux-arts, des théâtres, des musées de province, de l'enseignement du dessin, des écoles d'arts et métiers, du travail des enfants dans les manufactures, des établissements thermaux, du service sanitaire, des pharmacies, des fabriques d'eaux minérales, des forêts, de l'agriculture, des haras, des mines, des ponts et chaussées.

Après une si longue nomenclature de places, dont les unes sont nécessaires, d'autres d'une utilité contestable, et d'autres à peu près superflues, le lecteur peut supposer qu'il n'y a plus rien à inspecter. Erreur ; on pourrait inspecter encore beaucoup d'autres choses, parce que, selon qu'il plaît à un ministre, tout peut être ou n'être pas inspecté. Il est aussi facile, il l'est même davantage, d'imaginer de nouvelles inspections que de supprimer les anciennes. « La première préoccupation d'un ministre qui a supprimé un emploi n'est-elle pas toujours de le rétablir ? » disait un jour M. Jules Simon. Inspection générale des maîtrises de France, inspection générale des bibliothèques populaires, sont des postes qui ont été créés depuis quinze ans pour de vieux amis ou de jeunes protégés, et qui ont disparu avec leurs titulaires.

Il n'y avait rien de sérieux dans ces offices, rien si ce n'est le traitement, qui, le plus souvent, fut assez gras. Cette surérogation de surveillance facultative, qui fait penser à ce personnage d'opérette se réveillant un matin « inspecteur du gaz dans une riche famille brésilienne », est un des côtés inquiétants de ce que M. Leroy-Beaulieu nomme avec raison « le parasitisme administratif, chiendent redoutable qui envahit de plus en plus la société française ».

Le premier venu, qui serait peut-être incapable de faire quelque chose, se sent de particulières aptitudes pour inspecter n'importe quoi, fût-ce les enfants assistés, dont le personnel s'est trouvé renouvelé trop souvent, dans la première fièvre du régime actuel, pour caser des résidus de candidats sans spécialité déterminée. Si pour une charge ordinaire il.y a dix postulants, pour une place d'inspecteur il n'y en a pas moins de cinquante.

Les emplois publics rapportant à leurs titulaires 150 millions de plus qu'il y a vingt ans et 250 millions de plus qu'il y a trente-cinq ans, il faut que leur effectif ait formidablement grossi. En 1847, le ministère des affaires étrangères avait, sous M. Guizot, 33 secrétaires d'ambassade et de légation ; il en a aujourd'hui 74. L'Europe n'a pourtant pas grandi depuis lors; au contraire, la disparition des petites cours d'Allemagne et d'Italie a permis de supprimer un grand nombre de résidences. Comment se fait-il que le personnel diplomatique de 1891 soit beaucoup plus nombreux que celui même de 1869? En Espagne, en Russie, en Autriche, en Angleterre, nous avions en 1869 trois secrétaires; nous en avons quatre maintenant, plus un conseiller (grade nouvellement créé, avec 18,000 fr. d'appointements). Dans toutes les autres légations, nous avons un ou deux secrétaires de plus.

Le traitement des agents, leurs frais d'établissement et de voyage dépassent aujourd'hui de 4 millions le chiffre d'il y a douze ans. Tandis que l'Allemagne entretient à Paris trois secrétaires, la France entretient à Berlin quatre secrétaires et un conseiller. Ces détails peignent toute une tendance au gaspillage. Les traitements de non-activité de 30,000 fr. sont montés à 100,000 ; les attachés, qui servaient gratis, et dont on ne manquait pas à ce prix, sont aujourd'hui payés en partie.

Notre diplomatie est la plus chère de l'Europe, sans être pour cela la meilleure. Tandis que le budget du ministère des affaires étrangères est en France de 14,864,000 fr., il n'est en Allemagne que de 9,221,000, en Autriche et en Italie que de 7 millions et demi, en Russie de 9 millions et demi, en Espagne de 4,600,000, aux États-Unis de 6,300,000. Il n'est pas jusqu'à l'Angleterre, — qui, pour les besoins de son commerce, entretient dans le monde entier deux fois plus de consuls que la France, qui donne à ses ambassadeurs des traitements partout supérieurs à ceux que reçoivent les nôtres, — et à qui ses relations extérieures coûtent cependant 2 millions et demi de moins qu'à nous. Comme la besogne diplomatique est naturellement la même chez nous que chez nos voisins, on doit reconnaître que dépenser 100 fr. pour rémunérer un service que toutes les nations du continent font exécuter pour 40, 50, 60 ou 75 fr., c'est être plus bêtes ou plus prodigues que les autres.

Je n'ignore pas que les derniers hôtes du quai d'Orsay se sont efforcés de réagir, que M. Ribot en particulier est carrément entré dans la voie de l'économie ; mais on sait combien sont difficiles ces réductions de personnel et quelle énergie il faut déployer pour aboutir.

Si l'on pouvait établir entre chacun des ministères français et étrangers une aussi parfaite assimilation, on reconnaîtrait en tout la même fâcheuse supériorité de notre patrie dans le chiffre des dépenses.

Sous le rapport militaire, il est d'usage de copier sans cesse l'Allemagne ; que ne l'imitons-nous jusqu'au bout ? Le budget de la guerre de l'Empire allemand est de 431 millions ; en France, il est de 664 millions, et comme l'effectif des deux armées en temps de paix est à peu près égal, l'Allemand sous les drapeaux coûte à l'État 850 fr. et le Français 1,250. Ce résultat est d'autant plus singulier que les officiers allemands, à partir du grade de capitaine, sont payés beaucoup plus cher que les officiers français, et que les sous-officiers reçoivent un traitement six fois plus élevé que celui de nos sergents. Par suite, l'état de sous-officier est, au delà du Rhin, une profession à exercer et non une obligation à subir. La nourriture de l'armée allemande coûte par jour (pour le pain et le fourrage) 169,000 fr.; la nourriture de l'armée française revient, pour les mêmes dépenses, à 317,000 fr. ; et le fait paraît inconcevable, puisque le prix des subsistances militaires : froment, seigle, avoine, foin, paille, est assez sensiblement le même en France et en Allemagne[1].

Il est vrai que les procédés administratifs des deux pays diffèrent fort, aussi compliqués ici qu'ils sont simples là-bas. A d'autres points

---

1. Les lois récemment votées par le parlement allemand ne changent rien à cette proportion.

de vue, l'Allemagne peut encore nous servir de modèle : nous avons sous les yeux l'état du personnel du ministère de la guerre à Berlin. Le nombre des employés y est de 307 ; il est de 756 à Paris. Le chiffre des huissiers et garçons de bureau est à Berlin de 46, et à Paris de 166. En creusant un peu, on trouverait l'explication de la différence, extraordinaire au premier abord, des deux budgets. Chez nous, d'ailleurs, les augmentations sont récentes : en 1874, avec un effectif de 469,000 hommes, nous dépensions 522 millions ; en 1887, avec 30,000 hommes de plus, nous dépensions 664 millions. En 1847, avec 380,000 hommes, nous ne dépensions que 373 millions, et le pain valait aussi cher qu'aujourd'hui. Depuis 1887, des réductions ont été faites dans le budget de la guerre, ce qui prouve que la Chambre, quand elle le veut bien, peut réparer ses excès.

Néanmoins les fonds secrets se sont accrus, depuis quinze ans, de 400,000 fr. au ministère de la guerre, de 200,000 aux affaires étrangères, d'autant à l'intérieur, et l'on en concède

65,000 à la marine, qui n'en avait jamais eu. Les cabinets des ministres, considérés autrefois comme des ateliers de passe-droits, bondés de favorisés qui s'y assoient un jour, le temps de préparer un nid de leur choix donnent, trop souvent encore asile à des prétentions exagérées. Pourquoi fallait-il au général Boulanger 13 officiers d'ordonnance, alors que le maréchal Niel n'en avait que 7 ? Il y avait là six personnes immobilisées sans aucun profit.

Les assemblées qui laissent les dépenses militaires se multiplier sans raison sont-elles moins blâmables que celles qui se refuseraient aux sacrifices indispensables à la protection du pays ? Comment admettre que le sous-secrétaire d'État des colonies, en 1886 et 1887, ait eu besoin d'un chef de cabinet, d'un chef adjoint, de huit personnes en tout, pour le travail qu'un directeur faisait jusqu'en 1876 avec deux employés ?

Le ministère de l'intérieur se composait, en 1847, de 200 fonctionnaires, et ce département avait alors dans ses attributions les Beaux-

Arts, les gardes nationales et les télégraphes. Ces services sont passés ailleurs ou supprimés ; et ce ministère entretient cependant 280 chefs, rédacteurs et expéditionnaires. Le département des travaux publics, de l'agriculture et du commerce comprenait, en 1869, 1 ministre, 1 chef de cabinet, 1 secrétaire général, 4 directeurs, 11 chefs de division et 35 bureaux ; en 1888, nous avions pour les mêmes fonctions : 3 ministres, 1 sous-secrétaire d'État, 6 chefs ou chefs adjoints de cabinet, 11 directeurs, 11 chefs de division et 51 chefs de bureau. Celui qui avait dû jadis, comme M. Lockroy, rire de ces abus en spirituel vaudevilliste, était plus copieux que les bureaucrates de carrière, puisqu'il s'était taillé un des plus gros cabinets dans le plus mince des ministères. A la comptabilité, qu'un simple chef de bureau tenait en règle jusqu'à ces dernières années, préside maintenant un lot notable de gens de plume : l'art de faire difficilement des choses faciles.

Et l'opinion est, d'ores et déjà, si bien résignée à ce système, que l'on ne peut seulement proposer la suppression d'un surnuméraire, d'une rame de papier ou d'une livre de bougies, sans qu'aussitôt un personnage officiel vienne déclarer que c'est compromettre gravement la marche du service, et que les gazettes les plus autorisées supplient le Parlement « de n'aller ni trop vite ni trop loin..., de ne pas couper des *boutons à fruit* pour du bois mort ou des gourmands ».

Avec ces maximes, telle administration qui coûtait 1,900,000 fr., il y a dix ans, revient aujourd'hui à 4 millions, sans être au corps social d'une utilité plus grande. Par un décret peu bruyant, un ministre porte de 80 à 120 le chiffre des gardes-mines, et par des votes, plus faciles parfois à obtenir que des décrets, on augmente de 9 le nombre des conservateurs des forêts, de 50 le nombre des inspecteurs et de 6 millions et demi les frais d'exploitation des bois de l'État.

Ce qu'on n'augmente pas, c'est le revenu de ces mêmes bois, qui de 38 millions tombe à 28 ;

de sorte qu'aujourd'hui, déduction faite de la dépense ordinaire, notre million d'hectares de forêts nationales rapporte à la communauté française la somme de 14 fr. par hectare et par an, dont aucun particulier ne se contenterait, et qui, du reste, est inférieure de moitié ou des deux tiers à ce que produisent les bois les plus médiocres de notre pays.

Une autre cause d'extension du fonctionnarisme, ce sont les besognes dont le pouvoir public s'est chargé sans qu'elles lui incombassent : tels, dans le domaine industriel, les chemins de fer dits de l'État, qui auraient dû plusieurs fois faire faillite en fin d'exercice, s'ils marchaient dans les conditions normales d'une entreprise ordinaire, mais qui fournissent aux partis l'occasion si tentante de récompenser par des emplois les gens qu'ils affectionnent ; tels les canaux politiques, les voies ferrées électorales, les ports et bassins de propagande. « Certain canal de l'Est, dit M. Lesguillier, ancien sous-secrétaire d'État des travaux publics, a été entrepris pour amener de la houille à une localité industrielle déjà desservie par le chemin de fer. » Rendue aux usines, la houille coûtait jusqu'alors 25 fr. par tonne. L'intérêt de la dépense d'établissement du canal, réparti sur la consommation, atteindra 28 fr. par tonne. Il en résulte que si, au lieu de construire le canal, l'État achetait la houille sur le carreau de la mine, payait son transport par chemin de fer et la livrait *gratuitement* aux usiniers, il gagnerait encore 3 fr. par tonne.

Des faits de même ordre se produisent, dans le domaine moral, par suite de la transformation radicale de l'instruction publique. Des 38 millions de 1869, le budget de ce ministère est passé à 50 millions en 1875 et à 170 millions en 1887 ; il est juste d'ajouter qu'il est redescendu à 140 millions depuis 1890. Cependant, il n'y avait pas d'enfant qui ne pût recevoir l'instruction primaire, gratuite pour les indigents. Si tous les jeunes Français sans exception ne fréquentaient pas l'école de leur village, c'est que leurs familles ne s'en souciaient pas. Plus on étudiera l'histoire de l'instruction publique, plus on verra que ce ne sont pas les maîtres qui ont manqué aux élèves, mais plutôt les élèves qui manquaient aux maîtres.

Si les orateurs réactionnaires cherchent à persuader, pour l'honneur de l'ancien régime, que la France était presque aussi instruite il y a cent ans qu'aujourd'hui, ils se moquent de leur public ; ce qui est vrai, c'est que les générations même d'il y a cinquante ans ne souffraient nullement de leur ignorance ; les contemporains, au contraire, tiennent universellement à l'instruction. C'est d'ailleurs et seulement parce qu'ils y tiennent, que le Parlement a pu décréter impunément l'instruction obligatoire. Si elle n'avait pas eu à enfoncer une porte ouverte, on aurait vu le piteux effet de la loi ; bien plus, les députés n'auraient jamais osé voter l'obligation, s'ils n'avaient vu déjà sur les bancs la presque unanimité des futurs électeurs.

Au fond, et de quelque nom qu'on le décore, le système gouvernemental qui a enfanté l'instruction gratuite est un peu du socialisme d'État. L'instruction est un bien, c'est l'ornement de l'esprit, mais le pain aussi est un bien ; et si on donne l'un gratis, il n'y a pas de raison pour ne pas donner l'autre. Il n'est guère plus nécessaire de donner l'instruction, qui après tout n'est qu'un bien moral, que de donner les biens matériels, — vêtement, logement, nourriture, soins médicaux, — gratuitement, à ceux qui en manquent. Dire que la société *doit* l'école primaire gratuite à toutes les intelligences est un paradoxe égal, sinon supérieur, à celui qui consisterait à dire qu'elle doit le potage gratuit à tous les estomacs.

Il ne suffit pas qu'une chose soit reconnue bonne, excellente même, par le corps social, pour que ledit corps social la mette gratis à la portée de tous ses membres, encore moins pour qu'il leur en impose l'usage. Décréter l'instruction obligatoire, c'est comme si on décrétait la propreté obligatoire, la gymnastique obligatoire, ainsi qu'à Sparte ; car il n'est pas moins utile à l'État d'avoir des citoyens agiles et forts que des citoyens instruits. Une fois entré dans une voie semblable, il n'y aurait plus de raison pour s'arrêter.

On signale du reste une certaine disproportion entre les dépenses faites pour l'instruction primaire et les résultats obtenus. En 1874, nous avions 4 millions d'élèves. Nous en avons 4,600,000 [1]. Mais avec nos 4 millions d'élèves nous faisions 16 millions de dépense, tandis qu'aujourd'hui les 600,000 élèves de plus exigent 64 millions de supplément (80 millions au lieu de 16). Et l'on peut se demander si le progrès naturel et constant du nombre des élèves, chaque année, avant la loi de 1876, n'aurait pas donné une grande partie de ces 600,000 nouveaux. N'importe! il demeure acquis que, pour l'enfant de 1874, la nation dépensait 4 fr. par an, et que, pour l'élève nouvellement recruté, elle en dépense 106. Et pendant que, de 1876 à 1887, le nombre des

---

[1]. Le total général des élèves est de 5,500,000, dont 900,000 environ appartiennent aux écoles congréganistes privées.

élèves augmentait de 14 p. 100 dans les écoles publiques, il augmentait de 10 p. 100 dans les écoles congréganistes, contre lesquelles la loi nouvelle pouvait paraître dirigée.

Pour l'instruction secondaire et supérieure, qui n'est ni un droit ni un devoir, il semble que l'on eût dû simplement obéir à la loi économique de l'offre et de la demande. Si les lycées regorgeaient, si les amphithéâtres de facultés craquaient sous le poids des auditeurs, il était juste de multiplier les professeurs et d'agrandir les locaux. Il suffisait, au contraire, de maintenir le *statu quo*, s'il satisfaisait les besoins scientifiques des classes bourgeoises.

Mais on a dit dans les assemblées : il faut régénérer l'instruction secondaire ; créons des chaires, ouvrons des collèges pour garçons et aussi pour filles. Jamais les bâtiments ne seront trop vastes ni trop beaux ; jamais il n'y aura trop de professeurs : au lycée féminin de Sèvres, il y a un professeur de morale et un professeur d'histoire de la morale. Je ne parle pas des actes de largesse accomplis, des dons de joyeux avènement faits par tel ministre défunt que l'on connaît : cumuls de traitements autorisés, avancements irréguliers ; un membre de l'Université obtint 6,000 fr. pour frais de route de Douai à Paris, un autre 3,000 pour venir de Niort, un troisième autant comme indemnité de déplacement de la rue de Grenelle à un lycée de Paris. Le chiffre et les salaires des fonctionnaires enseignants ont grandi depuis vingt à trente ans, mais principalement depuis dix ans, sans proportion avec l'enseignement lui-même.

Les inspecteurs d'académie étaient au nombre de 61 en 1850, et touchaient de 3,000 à 4,000 fr.; ils sont maintenant 101 et touchent de 6,000 à 8,500. Au lieu de 220 inspecteurs primaires, recevant de 1,200 à 2,000 fr., il y en a aujourd'hui 467, touchant de 2,800 à 5,500 fr.; de 6,000 fr. les recteurs sont montés à 13,000, 15,000 et 18,800 fr. Quiconque, en un mot, émarge au budget de l'instruction, a vu son traitement croître du double ou du triple. Les membres de l'Institut sont les seuls dont l'ancienne indemnité de 1,200 fr., — égale au traitement moyen de l'instituteur primaire actuel, — soit restée stationnaire; mais ce n'a pas été sans peine que les académies ont résisté aux offres pressantes et lucratives des divers régimes.

Il ne suffisait pas de remplir les chaires, il fallait peupler les bancs; à cette fin ont été concédés, dans les lycées des deux sexes, des bourses, demi-bourses, trousseaux, etc., avec une exagération un peu injuste. Car, si l'instruction primaire est une utilité de premier ordre, l'instruction secondaire est un luxe; et la société ne doit le luxe gratis à personne, ou elle le doit à tout le monde. Accordées aux fils des serviteurs publics, les bourses étaient, comme les pensions et les secours, un supplément de traitement; accordées à quelque sujet d'élite qui s'était distingué dans les concours, elles étaient une avance dont la société jugeait (à tort ou à raison) devoir être remboursée un jour.

De quel droit étendre cette faveur avec la

profusion que l'on sait ? De quel droit l'étendre aux filles, qui ne rempliront aucun emploi public, et n'en feront ni plus ni moins d'enfants à la République ? Si le niveau intellectuel de la nation française était tellement bas que l'on ne pût se procurer, pour les fonctions qui exigent certaines connaissances spéciales, le nombre de gens dont on a besoin ; si nous manquions de mathématiciens et de jurisconsultes, je comprendrais que l'État prélevât sur le produit de l'impôt de quoi former ses futurs ingénieurs et ses futurs juges. Mais n'avons-nous pas assez de personnages instruits ?

Ne pourrait-on presque dire que nous en avons trop, puisque nous ne pouvons les utiliser tous ? Le marché est encombré par une production telle que l'offre est de beaucoup supérieure à la demande, et que l'exagération de l'instruction ferait croire à l'inutilité de l'instruction. Le pavé est battu et rebattu par des gens d'un savoir très supérieur à l'emploi qu'ils doivent exercer en ce monde. Chaque année se présentent au concours de telle administration des jeunes gens qui sont deux ou trois fois docteurs, et dont l'occupation, une fois nommés, consistera à copier des lettres et à les cacheter.

Puis, par une inconcevable contradiction, l'entrée des carrières officielles, qui est étroite par en bas, est aisée par en haut. Si rien n'est plus compliqué que d'obtenir une place de 1,500 fr., rien n'est plus facile que d'en obtenir une de 15,000. Seulement il faut y être désigné directement ou indirectement par le suffrage universel ; autrement dit être l'élu du peuple, le parent ou l'ami de l'élu du peuple. Il n'est plus que l'armée où, pour être général, il faille d'abord avoir été colonel ; partout ailleurs, on entre de plain-pied dans les grades élevés. Voyant ses droits sacrifiés, l'employé compétent se décourage, s'en va s'il le peut, ou travaille le moins possible s'il demeure. On a mis dans les 86 trésoreries générales : 8 anciens députés, 20 anciens préfets, 4 conseillers généraux, 1 conseiller d'arrondissement, 1 ancien sous-préfet, plusieurs maires,

1 entrepreneur de tabacs, 1 notaire, 1 architecte, 2 marchands de vin, 1 marchand de nouveauté, 1 petit escompteur; ce qu'on y voit le moins, ce sont d'anciens receveurs particuliers. On fait de même un peu partout.

La parfaite équité n'étant pas de ce monde, je suis loin de prétendre que le régime actuel soit le créateur des abus du fonctionnarisme qu'il a laissés trop grandir, ni que ces abus puissent disparaître comme par enchantement. Le gouvernement républicain est plus capable que tout autre de les détruire, s'il veut se faire de l'État et de sa mission une idée tout opposée à celle qu'il paraît s'en être faite jusqu'ici. Il s'agit de substituer, dans l'administration de la France, la méthode commerciale et pratique à la méthode politique et abstraite.

Dans toute association organisée au profit des associés participants, il convient de réduire à son strict minimum le coût des frais généraux de l'entreprise. La loi du budget national est là tout entière, puisqu'une nation n'est en vérité autre chose qu'une société dont tous les citoyens sont actionnaires, et dont l'objet est de garantir à tous la sécurité et la portion de bien-être que l'individu ne pourrait acquérir et conserver seul.

Le gouvernement, qui représente le conseil d'administration, ne doit faire que les dépenses indispensables, ne créer d'autres services publics que ceux qui tendent rigoureusement au but social. Appliquée au budget français, cette formule suffirait à en élaguer bien des chapitres, à en extirper bien des offices. Il y a beau temps que l'État se mêle, dans notre pays, de beaucoup de choses qui ne le regardent pas, auxquelles il n'est pas propre, et chacun de ses envahissements coïncide avec un accroissement du personnel public.

Parmi les travaux que seule la collectivité peut et doit accomplir, il en est beaucoup qui pourraient être faits gratis ou à peu près. C'est une idée soi-disant démocratique, mais éminemment fausse, de croire qu'il faille rémunérer tous les services publics; d'abord on ne les rémunère pas tous, en fait : les maires des grandes villes sont plus occupés que bien des sous-préfets, les juges de commerce le sont presque autant que les tribunaux civils ; l'on ne manque pourtant ni de bons maires ni de bons juges consulaires ; et la modeste somme de 180,000 fr., qui figure au budget pour les 221 tribunaux de commerce, à côté des 11 millions des 359 tribunaux de première instance, suggère de singulières réflexions.

La vraie démocratie, c'est de gouverner à bon marché ; l'État, qui est « tout le monde », doit agir comme « tout le monde » ; or est-il en France un citoyen, — quelque démocrate qu'on le suppose, — assez ennemi de ses intérêts pour vouloir à toute force payer des domestiques, s'il en trouvait qui consentissent à le servir « pour l'honneur » ? La vraie démocratie, c'est d'économiser l'argent du peuple ; et, parmi les fléaux qui pèsent sur l'agriculture et l'industrie, un budget de 3 milliards 1/2 n'est pas le moins redoutable. Le Reichstag allemand coûte 512,000 fr., le Parlement français coûte 12 millions, uniquement pour être rendu accessible à trois ou quatre personnes sans moyens d'existence ; comme si le conseil municipal de Paris, quand on n'y gagnait rien, pas même les 3,000 fr. actuels, n'était pas aussi bien garni d'éléments populaires que la Chambre des députés, où l'on gagne 9,000 fr.

La France aurait gratis, si elle le voulait, des législateurs, des préfets, des magistrats, des diplomates, qui vaudraient absolument ceux qu'elle rétribue aujourd'hui, et qui seraient tout aussi sincèrement et fermement républicains. Elle en a eu précédemment ; en d'autres pays on en a encore. En se faisant servir « pour la gloire », l'État réalise au profit de la communauté une économie que seul il est en mesure de faire. Souvent, le travail ainsi obtenu n'était pas sur le marché. Le propriétaire de ce travail, riche sans doute, et peut-être oisif, ne l'eût pas mis en vente ; il l'échange contre une certaine somme de considération. Ce travail est donc un gain social.

Pour ses fonctions rétribuées, l'État ne doit augmenter leur rétribution que s'il manque de titulaires capables. Du moment que la demande est suffisamment abondante, il est coupable d'élever le prix de l'offre. Agir autrement, augmenter sans motif le traitement des fonctionnaires grands ou petits, — et il ne peut y avoir d'autre motif valable d'augmentation que le défaut de candidats, — c'est commettre un acte du plus dangereux socialisme, c'est *fausser les conditions du travail* et faire concurrence, avec la bourse de l'État, à chacun des membres de l'État : industriels, commerçants ou cultivateurs.

Il est dans la nature française de rechercher les emplois de gouvernement et de s'y plaire, comme il est dans la constitution de certaines plantes d'aimer la pluie ou la sécheresse. Des individus, qui ne sont ni plus sots ni moins honnêtes que d'autres, préféreront une fonction publique à moitié salaire d'une fonction privée. C'est une grande supériorité que l'État a chez nous sur les particuliers, et qu'il n'a pas en

Angleterre ou en Amérique. En prenant pour règle l'offre et la demande, en laissant les intéressés fixer pour ainsi dire eux-mêmes le chiffre de leurs appointements, on donnera vraiment à chacun ce qui lui est dû.

Aujourd'hui on s'étonne de manquer de sous-officiers et d'avoir trop d'instituteurs ; c'est vraisemblablement que le métier d'instituteur est trop bon, et que la profession de sous-officier est trop mauvaise, trop peu rémunérée. Si l'on donnait demain aux sous-officiers le traitement des instituteurs, on en aurait suffisamment ; au contraire, si on offrait aux instituteurs les 317 fr. annuels des sergents, on en chômerait tout de suite. Durant les années qui ont suivi le krach de 1882, les rengagements de sous-officiers furent beaucoup plus nombreux, parce que les débouchés civils faisaient momentanément défaut. Gagner 0 fr. 87 c. par jour pour porter des galons sur ses manches, tandis que le moindre garçon de bureau reçoit 3 et 4 fr., c'est servir « pour l'honneur ». Et les mêmes législateurs qui demandent 25 fr. pour remplir un office très honorifique s'étonnent qu'on manque de bonne volonté à exercer, presque pour rien, un métier si peu honoré qu'un mot de mauvaise humeur, trop vite lâché dans un jour d'ivresse, peut priver celui qui l'exerce de la prime, fruit de plusieurs années de travail.

Une excellente réforme financière consisterait à appliquer à la plupart des services le système de l'abonnement, qui fonctionne seulement aujourd'hui dans les préfectures et sous-préfectures, recettes générales et particulières, et directions de l'enregistrement, où il donne de bons résultats. Il est de notoriété que tout ce que fait l'État est fait plus chèrement, sans être meilleur, que ce qui est fait par l'industrie privée.

La raison en est bien simple : personne n'apporte à la défense des intérêts de « tout le monde » l'âpreté que chaque homme intelligent met à la défense des siens propres. L'État est comme ces propriétaires qui perdent de l'argent à faire valoir eux-mêmes leurs terres, sur lesquelles des fermiers s'enrichiront, tout en payant une honnête redevance. Pour les fournitures militaires, le passage de la gestion directe à l'entreprise a fait économiser des millions au ministère de la guerre. Dans le service pénitentiaire, la journée d'un détenu de maison centrale coûte à l'État : en régie, 0 fr. 80 c., et à l'entreprise, 0 fr. 26 c. L'abonnement est au personnel ce que l'entreprise est au matériel. L'État traiterait à forfait avec les directeurs et les chefs d'emploi, qui se chargeraient d'une branche d'administration sous leur responsabilité.

Ce système est si raisonnable, si économique, que dans les préfectures et sous-préfectures, où le travail est parfaitement exécuté, il reste encore à certains préfets, en sus de leur traitement fixe, des bonis qui atteignent 10,000 et 12,000 fr., bien que le fonds d'abonnement ait peu augmenté depuis une vingtaine d'années. Les employés, il est vrai, gagnent peu et travaillent beaucoup. Le chef, de son côté, a l'œil ouvert sur le prix des impressions et discute lui-même la note du marchand de combustible. Le ministère de la justice était, en 1847, abonné à une somme fixe, au moyen de laquelle les directeurs pourvoyaient à tout, chauffage, éclairage et fournitures de bureau.. Cette somme était de 27,800 fr.; aujourd'hui, où cet abonnement n'existe plus, un crédit de 105,000 fr. est inscrit au budget pour les mêmes dépenses.

Quelques personnes pensent que la vénalité aurait plus de prise sur des subalternes peu rétribués, qui seraient choisis et renvoyés par leurs supérieurs immédiats, que sur les commis-fonctionnaires d'État. Cette crainte est purement chimérique ; dans les trois quarts des ministères, il n'y a rien à cacher, ni rien par conséquent à acheter, et ce qu'il existe de plus confidentiel aujourd'hui : le chiffre diplomatique, est exclusivement manié par des employés maigrement salariés et dénués de tout avenir. De même les courriers-facteurs, qui portent les dépêches ministérielles à l'étranger, touchent 1,800, 1,700 et 1,400 fr.

Ne voit-on pas les magistrats, qui n'ont point de bureaux, se faire suppléer, pour l'examen d'affaires très délicates, par des secrétaires qui ne dépendent que d'eux-mêmes? Dans les ministères, ce ne sont pas, comme on sait, les bureaux, mais bien le cabinet, c'est-à-dire des attachés à la personne même du ministre, qui traitent les matières où la discrétion est supposée de rigueur. Je pense que la mise en vigueur de ce système permettrait de réduire immédiatement le budget des administrations centrales d'un bon tiers, — de 30 à 20 millions, — et leur personnel de moitié, de 5,000 à 2,500 individus. Uniquement occupés d'expédier les affaires, et non de se donner de l'importance, en cherchant dans le dossier la *pièce qui manque* (or il en manque toujours), et en présentant à la signature du chef hiérarchique le plus grand nombre de lettres possible, le personnel conservé serait mieux payé et besognerait davantage.

La richesse sociale gagnerait à cette concentration, non seulement l'économie réalisée dans le budget de l'État, mais aussi le surcroît de travail disponible jeté sur le marché en la personne des fonctionnaires inutiles. La France y gagnerait une certaine dose de décentralisation. On ne ferait plus venir à Paris que les grosses affaires et les affaires contentieuses ; les petites se résoudraient en province, au chef-lieu du département, de l'académie, de la cour d'appel, du corps d'armée. Les pouvoirs locaux ne se trouveraient par là nullement surchargés, attendu qu'il n'est pas plus malaisé de trancher une question par un arrêté de quelques lignes, à Lille ou à Toulouse, que de faire une lettre de quatre pages, pour mettre au courant de la question les bureaux de Paris qui doivent la trancher.

La réforme des administrateurs, qui est, à mon avis, nécessaire, aurait ainsi pour conséquence la réforme des administrations, qui l'est peut-être encore davantage.

TABLE DES MATIÈRES

	Pages.
CHAPITRE Ier. — Le ministère de l'intérieur.	1
CHAPITRE II. — Le ministère de la justice	89
CHAPITRE III. — Les Cultes et les rapports de l'Église et de l'État.	187
CHAPITRE IV. — L'extension du fonctionnarisme depuis un demi-siècle.	295

Nancy, impr. Berger-Levrault et Cie.

LIBRAIRIE ADMINISTRATIVE BERGER-LEVRAULT ET Cie
Paris, 5, rue des Beaux-Arts. — Nancy, 18, rue des Glacis.

Dictionnaire de l'Administration française, par M. Maurice BLOCK, membre de l'Institut, avec la collaboration de membres du Conseil d'État, de la Cour des comptes, des chefs de service de divers ministères, etc. 3e édition, entièrement refondue, augmentée et mise à jour. 1891. Un fort vol. grand in-8º, à deux colonnes. Br. . **35 fr.**
Relié en demi-chagrin, plats en toile. . . . . . . **40 fr.**

Traité de la Juridiction administrative et des recours contentieux, par E. LAFERRIÈRE, vice-président du Conseil d'État. 1888. Deux forts volumes grand in-8º d'environ 700 pages chacun, brochés. . . . . **24 fr.**

Les Formes des Enquêtes administratives en matière de travaux d'intérêt public, par Ernest HENRY, ingénieur en chef des ponts et chaussées. Un volume grand in-8º, broché. . . . . **4 fr.**

L'Occupation définitive sans expropriation, par Ferdinand SANLAVILLE, avocat à la Cour d'appel. Un volume gr. in-8º, br. . **4 fr.**

Traité de la Procédure administrative devant les conseils de préfecture (Loi du 22 juillet 1889 et Décret du 16 janvier 1890), par M. COMBARIEU, secrétaire général de la préfecture du Calvados. Un vol. in-8º de 452 p., broché, 6 fr. — Relié en percaline. **7 fr. 50 c.**

Guide de Procédure devant les sections administratives du Conseil d'État, contenant la nomenclature des pièces à produire : à l'usage des Communes, Bureaux de bienfaisance, Hospices, Fabriques, Séminaires, Congrégations, Sociétés, etc. ; et des particuliers (Liquidations de pensions, Demandes en concessions de tramways, mines, etc., etc.), par G. DENIS DE LAGARDE, commis principal au secrétariat général du Conseil d'État, et A. GODFERNAUX, attaché au secrétariat général du Conseil d'État. Un vol. in-12, br. . **2 fr. 50 c.**

De l'Alignement. Jurisprudence et pratique administrative, par L. DELANNEY, rédacteur au ministère de l'intérieur. Un volume in-12, de 356 pages, broché . . . . **3 fr. 50 c.**

Code manuel des Contraventions de grande voirie et de domaine public, par Z. LECERF, sous-chef de bureau à la préfecture de la Seine. 1889. Un volume in-8º, broché. . . . . . . **5 fr.**

Code annoté du Service vicinal. Recueil des lois, ordonnances, décrets et circulaires ministérielles concernant le service vicinal, avec indications des arrêts qui forment jurisprudence pour ce service, par E. HENRY, ingénieur en chef des ponts et chaussées, agent voyer en chef du département de la Marne, Vol. gr. in-8º de 1140 p., br. **16 fr.**

Code annoté du Commerce et de l'industrie. Lois, ordonnances, décrets et arrêtés ministériels relatifs au commerce et à l'industrie, avec un COMMENTAIRE tiré des circulaires ministérielles, de la jurisprudence du Conseil d'État et de la Cour de cassation, et une table méthodique des matières, par Georges PAULET, chef de bureau au ministère du commerce. 1891. Volume gr. in-8º de 960 p., br. **15 fr.**

Dictionnaire des Patentes, contenant le texte des lois en vigueur au 1er janvier 1891, les tarifs annexés à ces lois et la définition de chaque profession, par P. BRUSSAUX et P. GUITTIER, inspecteurs des contributions directes. Un vol. gr. in-8º de 800 pages, broché. **15 fr.**

LIBRAIRIE ADMINISTRATIVE BERGER-LEVRAULT ET Cie
Paris, 5, rue des Beaux-Arts. — Nancy, 18, rue des Glacis.

MANUEL
DE
STATISTIQUE PRATIQUE

Statistiques municipales et départementales, statistique générale de la France et de toutes les branches de l'administration.

Par Victor TURQUAN
CHEF DU BUREAU DE LA STATISTIQUE GÉNÉRALE DE FRANCE

Préface de M. Maurice BLOCK, membre de l'Institut

Volume de 576 pages, avec planches, br. : **12 fr.**

L'INTERNATIONALE
ÉCONOMIQUE
LIBRE-ÉCHANGE OU PROTECTION ?
Par M. D.-B.

Un volume in-12, broché. Prix : **2 fr.**

Le Ministère des finances, son fonctionnement, suivi d'une étude sur *l'organisation générale des autres ministères*, par J. JOSAT, sous-chef de bureau au ministère des finances. 2e édition. 1883. 1 volume grand in-8° de 1000 pages, broché . . . . **15 fr.**

La Contribution foncière sur les propriétés bâties. Commentaire pratique des articles 4 à 13, 26 et 27 de la loi du 8 août 1890, par MM. Léon GARNIER, chef de division à la préfecture de la Seine, et Paul DAUVERT, secrétaire-greffier du conseil de préfecture de la Seine. 1891. Un volume in-12, broché . . . . **3 fr.**

L'Impôt, par Albert DELATOUR, lauréat de l'Institut. Une brochure in-12 de 64 pages . . . . **2 fr.**

L'Impôt sur l'alcool dans les différents pays, par René STOURM, professeur à l'École des sciences politiques. 1886. Vol. in-12, br. **3 fr.**

Les Différentes formes de l'impôt sur le revenu, par Antony MARTINET, sous-préfet de Cherbourg. Un vol. gr. in-8°, br. **3 fr. 50 c.**

Petit Manuel pratique à l'usage des rentiers et pensionnaires de l'État. Rentes sur l'État, pensions civiles, militaires et de la marine, traitements de la Légion d'honneur et rentes viagères pour la vieillesse, par Henri PAULME, fondé de pouvoirs de trésorerie générale. 1888. Un volume in-12, broché . . . . **1 fr. 25 c.**

Nancy, imp. Berger-Levrault et Cie.

CPSIA information can be obtained
at www.ICGtesting.com
Printed in the USA
LVHW081630100322
713135LV00004B/92